Y AHORA, ¿QUÉ HAGO?

Y AHORA, ¿QUÉ HAGO?

La sorprendente
solución para
cuando
todo
sale mal

DR. JOHN TOWNSEND

La misión de Editorial Vida es ser la compañía líder en satisfacer las necesidades de las personas con recursos cuyo contenido glorifique al Señor Jesucristo y promueva principios bíblicos.

Y AHORA, ¿QUÉ HAGO?
Edición en español publicada por
Editorial Vida – 2012
Miami, Florida

© 2012 por Dr. John Townsend

Originally published in the USA under the title:
NOW WHAT DO I DO?
Copyright © 2011 by Dr. John Townsend
Published by permission of Zondervan, Grand Rapids, Michigan 49530

Traducción: *Dr. Miguel A. Mesías*
Edición: *Madeline Díaz*
Adaptación diseño interior: *A&W Publishing Electronic Services, Inc.*

ISBN: 978-0-8297-6016-3

Categoría: Vida cristiana / Crecimiento personal

IMPRESO EN ESTADOS UNIDOS DE AMÉRICA
PRINTED IN THE UNITED STATES OF AMERICA

12 13 14 15 16 ❖ 6 5 4 3 2 1

CONTENIDO

INTRODUCCIÓN

El problema de tener un problema

«Tenemos que prescindir de sus servicios».

Esta es una frase que ningún empleado quiere oír. La misma conlleva inestabilidad, problemas y pérdidas. No se recibe de buen grado en lo absoluto, ya que indica que tenemos un problema... uno que afectará en gran medida nuestras vidas. También es una frase que la mayoría de nosotros estamos oyendo hoy, probablemente más que en cualquier otro período de nuestra vida...

Mi amigo Rick, un profesional en los medios de comunicación, recibió ese mensaje hace poco. Había tenido mucho éxito en su trabajo, de modo que no tenía razón alguna para pensar que estaría desempleado hasta que la recesión económica global resultó en la reducción del personal de su empresa. Teniendo una esposa, dos hijos

1

adolescentes y una hipoteca, se encontraba bajo una presión que jamás había experimentado en toda su carrera. Su familia esperaba que él fuera el proveedor, como siempre lo había sido, pero ahora no podía asegurarles que podría hacerle frente a las cosas. No contaba con ese escudo invisible del empleo, un escudo que nos protege del derrumbe financiero.

Rick atravesó toda la gama de emociones como cualquiera: ansiedad, temor, ira y confusión. Él y su esposa pasaron un tiempo conversando y oraron pidiendo respuestas. Sin embargo, lo más significativo fue lo que Rick *no* hizo... y usted tal vez se sorprenda. Él no se dedicó de inmediato a realizar actividades frenéticas como establecer redes, organizar reuniones y contactar empresas a fin de arreglar entrevistas para el día siguiente. Hizo todo eso a la larga, pero más tarde. En primer lugar, Rick dio un paso atrás en medio de su situación y se dedicó a atravesar el proceso que describo en este libro. Él tenía un problema serio, de modo que comenzó a pensar en la mejor manera de enfrentarlo. En otras palabras, *dio los pasos en la resolución de problemas que producen la mejor oportunidad para una solución.*

El resultado final fue que a las pocas semanas Rick estaba empleado de nuevo y la vida de su familia se estabilizó. Escogió un sector diferente en el campo de computadoras, no debido a una reacción irreflexiva y desesperada, sino como resultado de su proceso de resolución de problemas. El proceso funcionó para él. Y el proceso para resolver problemas sobre el que leerá aquí le servirá definitivamente a usted también. En realidad, casi titulamos este libro *The Guaranteed Solution When Things Go Wrong* [La solución garantizada cuando las cosas salen mal]. No obstante, me estoy adelantando.

Primero, permítame explicarle que no llevé a Rick a través del proceso, aunque lo respaldé como amigo. Más bien, aprendí de lo que él atravesó, así como también de las experiencias de muchos que he tratado y conocido a través de los años. No todas estas personas tuvieron dificultades profesionales, sino atravesaron un problema de la vida en general, desde cuestiones de trabajo hasta dificultades en las relaciones personales, preocupaciones familiares, o cuestiones de salud. He estado estudiando a los que resuelven bien sus problemas y observando los patrones de los que acaban siendo triunfadores. El resultado de esos años de estudio conforma el ADN de este libro. He reducido estos hallazgos a siete pasos para resolver un problema, y esos pasos son para usted: no solo para solucionar su preocupación presente, sino para hacerle frente a cualquier cosa que experimente, hoy y por el resto de su vida. Y pienso que se sorprenderá. Las respuestas a sus problemas tal vez pueden estar en realidad donde menos lo espera… justo frente a sus ojos y en usted. Simplemente siga leyendo.

SUS PROBLEMAS REQUIEREN
UN ENFOQUE QUE FUNCIONE

Al abrir este libro tal vez enfrenta por lo menos un problema que no ha sido capaz de resolver. Puede ser algo ligeramente inquietante, o quizá una crisis presente. Sin embargo, ¿qué es exactamente un problema? Entendamos el término. Yo lo defino sencillamente como *una situación en la cual quiero avanzar de un estado presente a un estado deseado, pero encuentro un obstáculo.* Alguna situación —por ejemplo, una dificultad en una relación personal o cierta circunstancia en el trabajo— tiene lugar en mi vida y no me gusta, de modo que deseo que las cosas mejoren. No obstante, por una cantidad de razones no puedo hacer que el cambio tenga lugar de una forma fácil y rápida. Sí, tengo un problema, pero no quiero quedarme atascado allí. Puedo acudir al método bosquejado en este libro, un método que resulta. Y un método que probablemente usted ha pasado por alto completamente.

Permítame explicarlo. Si tengo hambre y quiero ir a almorzar a un restaurante de comida rápida, eso no es en realidad un problema. Se trata simplemente de una necesidad, y todos los días dedicamos montones de tiempo y energía a atender toda clase de necesidades. Es parte de la vida normal. Sin embargo, ninguno de nosotros debe ser una isla autosuficiente por sí mismo. Todos necesitamos

4

seguridad, protección, sustento, comunión, a Dios y un propósito en la vida. Cuando la vida funciona como es debido, nuestras necesidades son suplidas y también suplimos las necesidades de otros. No obstante, si no poseo dinero, o un automóvil, o la dirección del restaurante de comida rápida, tengo un problema. Necesito hallar una solución (dinero, transporte, direcciones) a fin de resolver mi problema.

Si usted está leyendo este libro, tal vez tenga un problema en algunos de los siguientes aspectos de la vida:

- Matrimonio: *Ha perdido la conexión o la confianza, o hay algún asunto relacionado con el control o una herida.*
- Crianza de los hijos: *Tiene un hijo fuera de control y al parecer no logra comunicarse con él.*
- Noviazgo: *Desea establecer una buena relación personal, pero no ha podido hallar a la persona apropiada para usted.*
- Profesión: *No ha estado haciendo aquello que le apasiona o para lo que sirve mejor.*
- Hábitos y conductas: *Quiere dejar de realizar alguna acción que no es buena para usted, pero continúa haciéndola.*
- Relaciones personales: *Se interesa en alguien, pero el conflicto y la distancia no desaparecen.*

Los problemas, dificultades y retos son normales; todos los tenemos. Simplemente son parte de la vida diaria.

Los que dicen que no confrontan problemas están bien sea haciéndose los ciegos o ignorando alguna realidad. Suceden cosas que no deberían pasar, y tales cosas siempre ocurrirán en esta tierra. Jesús nos enseñó que aunque él gana al final, debemos aceptar esa realidad. Él señaló: «En este mundo afrontarán aflicciones, pero ¡anímense! Yo he vencido al mundo»[1]. En tal cita, la palabra griega que esta versión traduce como «afrontar aflicciones» quiere decir literalmente «ser aplastado». Es decir, sus circunstancias lo presionarán, reduciendo su libertad para respirar hondo y vivir la vida a plenitud. Un problema sin resolver tiende a aplastarnos y asfixiarnos.

Según mi opinión, existen dos clases de problemas. Primero están los que llamo *problemas que debemos aguantar*. Es decir, algunas cuestiones en verdad están más allá de cualquier cosa que podamos hacer para resolverlas haciendo uso de nuestras capacidades y fuerzas. O bien son demasiado grandes o están totalmente fuera de nuestro control. Tal vez usted esté lidiando con una enfermedad que no tiene cura, la muerte de un ser querido, un cambio económico que hace obsoleto su empleo, o un divorcio que no deseaba. Estos problemas que debemos aguantar son cuestiones que requieren perseverancia, respaldo y oración. Los milagros en efecto suceden, y los he experimentado en mi vida y los he presenciado en las vidas de otros. No obstante, apartándonos de eso, estos son problemas ante los cuales hacemos lo mejor que podemos a fin de adaptarnos. Estos problemas son una prueba para nuestras almas, sin embargo, nos acercan a Dios y su gracia.

El segundo tipo de problema es el *problema curable*. Estos, como la frase sugiere, tienen solución. Los problemas curables son conflictos que pueden resultar difíciles, prolongados y muy desalentadores, pero si dedicamos suficiente energía y recursos a dar los pasos apropiados, estos problemas se pueden resolver. Usted tal vez no vea el fin

---

La mayoría de nosotros tenemos problemas
curables que pensamos que en realidad
son problemas que debemos aguantar.

---

a la vista. Quizá no haya observado algún progreso o movimiento en meses o años. Con todo, existen soluciones reales, verdaderas y duraderas.

Sin embargo, pienso que *la mayoría de nosotros tenemos problemas curables que pensamos que en realidad son problemas que debemos aguantar*. Es decir, hemos abandonado la esperanza de que ciertas situaciones puedan en verdad resultar diferentes. El problema ha estado ocurriendo por demasiado tiempo y no parece haber ninguna solución posible, lo cual constituye una gran pérdida de energía para nosotros. Así que algo por dentro se conforma con aguantar: el matrimonio siempre recibirá una calificación menor que regular. El chico no va a cambiar, o simplemente crecerá y un día se irá. La vida de noviazgo siempre será vacía. Nunca obtendré el trabajo que en verdad me conviene. Y así la lista sigue y sigue. *A menudo, nuestro problema es que no sabemos cómo lidiar con nuestros problemas.*

No obstante, si usted no cree en una cura para su problema, lo comprendo. Es más, probablemente tiene una buena razón. Tal vez ha esperado con toda paciencia que cambie alguien que no tiene interés en cambiar. O tal vez todavía está tratando de conquistar un mal hábito, pero simplemente ya se ha cansado. O tal vez el esfuerzo a fin de mantener las cosas en marcha en un trabajo insatisfactorio le ha exigido demasiado. O tal vez no cuenta con la información o la pericia que se necesita para lidiar con el problema que enfrenta. O tal vez ha decidido que puede vivir con el problema y trata de no pensar mucho al respecto, concentrándose simplemente en otros aspectos más satisfactorios de la vida. Esta es una razón por la que las parejas alienadas se dedican demasiado (léase «insalubremente») a la crianza de los hijos, el trabajo o los pasatiempos. Distraerse alivia la desilusión.

Mi experiencia como psicólogo y consejero de negocios

me ha llevado en una dirección diferente a la de ese triste giro. Las cosas nunca serán perfectas en la vida, pero he observado que si las personas siguen el método básico de resolución de problemas que presento en este libro, las circunstancias que enfrentarán en sus vidas pueden ser mucho, pero mucho mejor de lo que son hoy. Dios no tiene la intención de que simplemente aguantemos en la vida y esperemos un día mejor en el más allá. Él quiere guiarnos, enseñarnos, fortalecernos y hacernos crecer. El método de siete pasos que presento aquí está diseñado para hacer que tenga éxito al lidiar con cualquier cosa que esté interponiéndose en su vida. Es el método que Rick utilizó cuando fue despedido de forma inesperada, convirtiendo el problema en una oportunidad. Y sé que usted puede hacer lo mismo.

LA PERSPECTIVA A PARTIR DE UN TELÉFONO CELULAR

Una manera de entender el método que sigue para la resolución de problemas es pensar en un artefacto sin el cual la mayoría de nosotros no saldríamos de casa: nuestro teléfono celular. Estamos casi quirúrgicamente conectados a nuestros artefactos móviles de comunicación. Nos mantenemos en contacto con las personas que nos importan por medio de nuestra voz, los mensajes de texto y los correos electrónicos. Se trata de nuestro vínculo con el universo. Es difícil recordar cuando no teníamos celulares y necesitábamos ir a casa, la oficina o una caseta telefónica para hacer una llamada. No obstante, volvamos a mi punto.

Es casi seguro que en algún momento su celular le falló. Por la razón que fuera, no podía enviar ni recibir llamadas, de modo que se encontraba solo en el mundo, privado de todo contacto... o por lo menos así es como se sentía. Cuando nuestro celular deja de funcionar, la mayoría de nosotros no nos limitamos simplemente a volverlo a meter al bolsillo y decir: «Ah, bien, ya veré qué le pasa cuando tenga tiempo». Más bien, la vida se detiene en seco allí mismo. Da por terminada la conversación que está sosteniendo en el restaurante, o se disculpa de la reunión de negocios. Inclusive tal vez detenga su automóvil a un lado de la carretera. Mis adolescentes me dicen que cuando no tienen acceso a sus celulares, se sienten ansiosos, como si no formaran parte de la vida.

Cuando el teléfono celular en efecto falla, la mayoría de las personas tienen su propio sistema para diagnosticar los problemas. Ya sea que haya pensado en esto de forma consciente o no —y aunque es probable que no lo haya puesto por escrito— usted tiene un sistema. Puede ser efectivo o inútil, pero hay un protocolo que sigue. Con frecuencia, el mejor método es algo como esto:

1. Oprimir el botón de «Enviar» unas cuantas veces más.
2. Verificar el número de barras para ver el alcance que tiene.
3. Comprobar la batería.
4. Retirar la batería y volverla a colocar en su lugar.
5. Si usted es dado a la tecnología, chequear si hay algún conflicto en el software.
6. Llevarle el teléfono a algún amigo experto en la tecnología.
7. Intentar tener acceso en línea a fin de resolver el problema.
8. Encaminarse al departamento de reparaciones en el establecimiento para la venta de teléfonos celulares.

Estos pasos para reparar el celular tienen un orden y un significado. El método resulta adecuado para aquellas personas que meditan y planean bien las cosas. Sin embargo, hay algunos cuyo método es mucho menos reflexivo. Sacuden el artefacto unas cuantas veces. Presionan todos los botones al azar. Golpean el teléfono contra la mesa para tratar de reparar lo que sea que pudiera haberse desconectado. Es un sistema, aunque uno bien pobre.

He aquí mi punto. Usted confronta un problema, más fastidioso que serio, pero problema de todas maneras. Y tal como tiene un procedimiento establecido para cuando el teléfono celular le falla, también tiene uno para los problemas que afronta en la vida. Ya sea que se trate de asuntos concernientes al trabajo, las relaciones personales, la familia, la crianza de los hijos, el matrimonio o los hábitos personales, hay una manera en que usted «enfrenta los problemas». A continuación veremos algunos de los sistemas menos útiles que tendemos a usar, a menudo simplemente porque nos sentimos cómodos con ellos o no nos hemos sentado a pensar con toda intención en una buena manera de enfocar los problemas:

Impotencia aprendida: «Será mejor que ya me dé por vencido. Esto está más allá de mis posibilidades. Perdí».

Sentirse abrumado: «No tengo ni idea de por dónde empezar. Esta situación es demasiado difícil, aterradora y complicada para mí».

La última gota: «Ya tengo demasiado en mi plato. Podría lidiar con esto si fuera lo único que estuviera pasando en mi vida, pero ya tengo mil cosas».

Esforzarse al máximo: «Voy a emplear más y más energía para enfrentarme a esta situación, sin hacer nada nuevo, pero esperando que mi cabeza sea más dura que el problema». (Por lo general no lo es).

Análisis exagerado: «Voy a estudiar e investigar esto.

Hablaré con algunos acerca del asunto con profundidad, hasta el nivel del ADN, pero no realizaré ninguna acción».

Evasión: «Si hago alguna otra cosa, tal vez el problema desaparezca».

Gritos de auxilio: «Necesito que alguien haga esto por mí, sin embargo, ¿quién podrá ayudarme?».

Culpar: «Yo no causé este problema, así que tal vez puedo hallar al que tiene la culpa y conseguir que lo arregle. Hasta entonces, voy a vivir con la desdicha».

Tal vez usted se identifica con uno de estos estilos más que con otros, y por cierto, yo también tengo mis mañas. El punto es que cada uno de nosotros ya tiene un método para resolver los problemas, aunque es probable que no resulte del todo efectivo o útil. No obstante, al aprender a lidiar de manera adecuada con un problema, descubrirá que *menos energía puede producir más resultados.* Así que le conviene tener el método más efectivo en su lugar a fin de estar listo para cualquier cosa que enfrente. Ese es el propósito de este libro: proporcionarle una manera sencilla de analizar el cuadro en grande a fin de hacerle frente y atacar cualquier problema. Este libro le proveerá un sistema general para lo que sea que afronte hoy.

En realidad, aprendemos mucho en cuanto a resolver problemas mirando el campo de las matemáticas, desde los rompecabezas y los cubos de Rubik hasta los algoritmos complejos desarrollados para resolver el hambre en el mundo. Por muchos años se han usado los números para resolver cuestiones difíciles, y las computadoras actuales juegan un gran papel en estos ejercicios. Los expertos en

---

Sus relaciones personales, sus emociones
y su carácter desempeñan un papel
importante en la forma en que
resuelve los problemas.

---

matemáticas se preparan para esperar problemas, entender problemas, dedicar abundante tiempo a pensar en los problemas, y en última instancia, resolver los problemas. A los matemáticos no les disgustan los problemas. Es más, los problemas son el aire que respiran. Las personas de negocios, de la misma manera, esperan problemas. En realidad, si no confrontan problemas, los buscan, porque lo que parece ser una ausencia de problemas por lo general significa que están pasando por alto algo importante.

De manera interesante, tal como los libros de matemáticas y finanzas, ahora los libros sobre cuestiones relacionales y problemas sociales incluyen estrategias y enfoques. Estos libros usan el pensamiento sistemático para conducir a las personas adonde sea que quieran ir. Los autores han hecho su propia investigación y desarrollado sus propias teorías, la mayoría de las cuales incluyen aspectos básicos tales como definir claramente el problema, compartir nociones para encontrar respuestas, decidir un curso a seguir y ejecutar la idea[2].

La singularidad de este libro —que en efecto incluye las partes investigadas de las soluciones que todo buen proceso tiene— es la presuposición que hace. Este material da por sentado que *sus relaciones personales, sus emociones y su carácter desempeñan un papel importante en la forma en que resuelve los problemas.* Es decir, la resolución de problemas va más allá del buen sentido y la lógica. Usted también debe aplicar mucho más al asunto: debe aplicarse a sí mismo como persona —cuerpo, alma, entendimiento y fuerza— a fin de resolver bien los problemas.

Y el método sobre el que va a leer tiene una alta probabilidad de servirle bien. Aunque haya perdido la cuenta de cuántas veces empezó a tratar de resolver un problema y mucho antes de que incluso hubiera preparado un plan de acción se sintió abrumado y se dio por vencido... Aun si la ansiedad le ha impedido que sea creativo... Aun si no ha sabido cómo identificar o usar los recursos que tiene a su disposición... E incluso si, sin saber a quién pedir ayuda, se halla tratando de avanzar solo. Este libro le proveerá un proceso sencillo, factible y certero de siete pasos que le aclarará cómo puede entender mejor su problema y, en un breve período de tiempo, hacer progresos significativos para resolverlo.

Además, recuerde que no está solo en esto. Dios comprende y quiere intervenir en su búsqueda de soluciones. Dios no está ajeno a los problemas o se resiste a resolverlos. Uno de sus problemas, por ejemplo, fue un pueblo alejado de su amor y cuidado. Él no causó este problema que le dolió profundamente, sin embargo, hizo hasta lo imposible para resolverlo. «En Cristo, Dios estaba reconciliando al mundo consigo mismo»[3]. Todos los días él continúa esta obra de reconciliación. Y también obrará con usted y en usted para resolver cualquier problema... a su manera y en su tiempo.

Así que tal vez usted no posea un gran historial como solucionador de problemas... todavía. Tal vez no tenga confianza en su capacidad para evaluar y planear un curso de acción. Pues bien, este es un nuevo día. Usted puede definitivamente aprender de las ideas de este libro cómo resolver exitosamente cualquier problema que se le presente.

PASO 1:

Sienta lo que siente

Los sentimientos y anhelos son las fuerzas
motivadoras detrás de todo esfuerzo humano
y todas las invenciones humanas.
—*Albert Einstein*

Lo primero que usted debe hacer cuando encuentra un problema que le agobia tal vez no sea lo que imagina...

Cuando se descubre empezando a lidiar con una situación que exige trabajo y esfuerzo, *sienta lo que siente.* Antes de tratar de distanciarse algo a fin de analizar los diferentes aspectos, permítase a sí mismo sentir las emociones del momento.

Todos somos seres emocionales. Ya sea que siempre nos percatemos de ellos o no, tenemos sentimientos. Usted está sintiendo algo ahora mismo mientras está leyendo este capítulo. Puede tratarse de algo vago, tal vez un poco de expectativa o interés... y espero que no sea aburrimiento. Como las corrientes bajo la superficie del océano, sus sentimientos están vivos y coleando, ya sea por encima o por debajo de la superficie. Así que resulta beneficioso darse cuenta de cuál es su estado emocional cuando se tropieza con una barrera.

La mayoría de las veces, obviamente, los sentimientos que surgen con los obstáculos son más negativos que positivos. Usted tal de sienta ansiedad, ira, temor o tristeza, por ejemplo. Los problemas, siendo en esencia negativos por naturaleza, hacen que afloren en nosotros los sentimientos más oscuros.

Suponga que usted es soltero o soltera y no puede hallar una relación decente a fin de disfrutar del noviazgo. Ha tratado los círculos normales: referencias de amigos, sitios en línea, grupos de solteros en la iglesia y cosas parecidas, pero no puede hallar a nadie con quien realmente pueda conectarse a algún nivel satisfactorio o significativo. Si ese es el caso, es bastante normal sentir frustración, vacío y desencanto. No sentir absolutamente nada significaría que algo en usted está congelado, mientras sentirse feliz no resultaría compatible con la realidad que enfrenta. Evidentemente, sus sentimientos reflejan su situación, su problema.

SENTIMIENTOS: UNA AYUDA, NO UN ESTORBO

Este primer paso en la resolución de problemas tal vez le parezca que no tiene ningún sentido. A lo mejor piensa: *¿Acaso sirven para algo estos sentimientos que estoy sintiendo? Simplemente acabaré empantanado, sintiendo lástima de mí mismo, paralizado por la ansiedad o dándome cabezazos contra el escritorio. Para resolver un problema tengo que pensar con claridad. ¿Acaso no son mis sentimientos lo último a lo que tengo que prestarle atención?* Ciertamente, parece que en tiempo de dificultades uno necesita un plan, tener decisión y actuar. Si usted es un piloto comercial y acaba de perder un motor, necesita concentrarse mucho más en sus protocolos de emergencia y la coordinación entre sus ojos y manos que en sus emociones.

También puede sentirse preocupado de que sus sentimientos lo guíen a tomar una decisión precipitada o lo hagan actuar fuera del control. ¿Cuántas veces ha oído a alguien mencionar una indiscreción sexual con remordimiento diciendo: «Los sentimientos me ganaron»? Es verdad que los sentimientos pueden ser intensos y poderosos, pero mi experiencia en cuanto a las emociones es que cuando están equilibradas con el buen juicio y los valores, y cuando estamos entre personas buenas y seguras, nuestros sentimientos no gobiernan nuestras vidas. Así que no los derribe ni les permita que tomen las riendas. Sobre todo, no tenga miedo de las emociones. Sus sentimientos son sus servidores, no sus amos.

Aparte de las situaciones urgentes como aquella en que se hallaría si fuera piloto, hay tres razones muy buenas

---

Sus sentimientos son sus servidores, no sus amos.

---

para que usted sienta lo que siente cuando enfrenta una dificultad.

Necesita las emociones por la información que proveen. Los sentimientos, ya sea de alegría o tristeza, tienen propósitos, significado y razones para existir. Los sentimientos no existen simplemente para hacer la vida interesante o desdichada. Es más, los sentimientos son una valiosa fuente de información para usted. Si les presta atención, aprenderá muchas cosas que pueden ayudarle a enfrentar el problema.

Comprendamos un poco lo que los sentimientos nos dicen. He escrito sobre esto antes en el contexto del liderazgo[1], pero el mensaje se aplica a todos nosotros: las emociones son una señal. Nos dicen que está sucediendo algo a lo que debemos prestarle atención. Los sentimientos son parte de cómo Dios nos ayuda a mirar dentro de nosotros mismos: «Examíname, oh Dios, y sondea mi corazón; ponme a prueba y sondea mis pensamientos»[2].

Por ejemplo, la *ansiedad* es una emoción asociada con la preocupación, el temor o el pánico. El mensaje de la ansiedad es que *existe algún peligro que evitar o del que precisamos darnos cuenta.* La ansiedad nos lleva a mirar alrededor por si hay peligro. El peligro, por ejemplo, puede ser una persona tóxica que le dice que es segura para usted. Puede ser una inversión que parece excelente, aunque no le gustan algunos de los puntos del contrato. Puede ser percatarse de que está bebiendo demasiado y no le es posible controlarse.

¿Ve usted lo valiosa que es la ansiedad en el momento en que se encuentra sumido en su problema, sea cual sea este? He aquí un ejemplo. Yo estaba dirigiendo a un hombre que era un ejecutivo al que le gustaba asumir riesgos. Le encantaba la acción de los negocios, las estrategias y la cacería. Era excelente en lo que hacía, pero a menudo se comprometía con personas y proyectos que no eran buenos para él. Si le gustaba lo que veía, se lanzaba de cabeza, de modo que halló que no avanzaba en su carrera debido a que continuamente tenía que recuperarse de algunos malos negocios e interacciones con las personas erradas. ¿Cuál era su problema? No se encontraba donde quería estar a su edad y etapa en la vida.

Una vez que observé el patrón, le dije: «No te gusta sentir ansiedad porque no encaja con el concepto de ti mismo como un individuo temerario y arriesgado». A regañadientes convino. Le expliqué: «Tu entusiasmo y acción son grandiosos, pero no estás verificando si hay ansiedad. Cuando oigas una perorata o hables con un candidato para darle algún empleo, dedica un momento a comprobar si sientes algo de ansiedad». Una vez que mi cliente combinó

Su ira no quiere decir que sea una persona mala, violenta o desenfrenada. La ira simplemente indica que necesita resolver un problema de algún tipo.

---

la sensibilidad a su nivel de ansiedad con su naturaleza temeraria, a la larga empezó a entender que algunas personas y algunos convenios son demasiado buenos para ser verdad. La falta de integridad, veracidad o solidez le producían una marejada de ansiedad por dentro. No le gustó sentir eso, pero usó la información que esos sentimientos le proveyeron. Gradualmente, su carrera tomó la trayectoria ascendente que había estado deseando. (La ansiedad es un aspecto tan crítico en la resolución de problemas, que volveremos a referirnos a ella en un paso específico, el número 4. Ahondaremos sobre la ansiedad y el temor allí).

La *ira* es otro sentimiento útil. Su ira no quiere decir que usted sea una persona mala, violenta o desenfrenada. La ira simplemente indica que necesita resolver un problema de algún tipo. Es una emoción que, en lugar de impulsarnos a evadir algo, como lo hace la ansiedad, nos impulsa a atender y confrontar determinado asunto. La ira ayuda a las personas a actuar contra la injusticia y la pobreza. Nos motiva a confrontar a alguien que está siendo destructor. Nos ayuda a decidir que no repetiremos los mismos errores que ya hemos cometido.

Suponga que su problema es un adolescente rebelde, cuyas palabras y conducta irrespetuosas están produciendo un caos en su hogar. Es común que los padres repriman su cólera contra el adolescente por temor a aumentar esa emoción negativa y a fin de evitar que haya dos o tres personas iracundas enfrentadas. Así que, en lugar de eso, estos padres tratan de ser razonables, maduros y pacientes, demostrando todas las buenas cualidades que las mamás y los papás deben tener. Sin embargo, nosotros los padres tenemos que entender que la mala conducta que trastorna un hogar lleno de amor *debe* encolerizarnos. La ira dice: «¡Ya basta! Tenemos que confrontar el problema de forma directa, con conversaciones, consecuencias, un asesor o algún plan. No puedo seguir soportando esto». Eso no quiere decir que dirija su cólera contra su adolescente, un acto que realmente puede hacer que las cosas se salgan de control. Así que usted tal vez necesite hablar en cuanto a su ira y contarle sobre esa emoción a alguien seguro que forme parte de su vida. El punto aquí es aprender de su ira y usarla.

Usted necesita emociones que lo conecten con personas que lo respaldan. Las emociones son conectores grandiosos. Cuando usted está enamorado, hay una persona en el extremo recibidor. A menudo, cuando se siente frustrado, lo perturba la mala conducta de otro. Las emociones en realidad nos mantienen relacionándonos los unos con los otros de maneras hondas y significativas. Y si hay acaso una ocasión en que usted necesita esa clase de conexión, es cuando encuentra un problema en la vida.

Una vez trabajé con un padre que sentía la enorme responsabilidad de ser fuerte y jamás mostrar debilidad. Quería mantener a su familia segura, feliz y confiada. Aun cuando su negocio estaba en dificultades, él quería proteger a su familia, así que aunque sus hijos eran adolescentes y plenamente capaces de lidiar con las realidades financieras, guardó silencio. Con el tiempo, se distanció de su esposa e hijos. No sabía cómo contarles a sus seres queridos acerca de la ansiedad y la inseguridad que sentía, así que simplemente se encerró y casi ni hablaba. Sus familiares lo echaban de menos, pero no sabían qué hacer.

Escuché a toda la familia por un tiempo y luego le dije: «Me preocupa que te encamines a algún tipo de quebrantamiento si no permites que tu familia participe». Sus ojos se llenaron de lágrimas y declaró con una voz sorprendida: «Pienso que a lo mejor ya me estoy quebrantando ahora mismo». Observé a su esposa e hijos acercársele y respaldarlo en medio de su tristeza y su sensación de agobio. Lo amaban, lo confortaron y se conectaron con él a un nivel más profundo que nunca antes. Su esposa dijo: «Quiero que siempre me lo dejes saber cuando te sientas así».

Este hombre tenía un largo camino por delante a fin de restaurar su vida profesional. Sin embargo, alimentado por la gracia de las personas que amaba, pudo perseverar mejor. Tal como este hombre aprendió a hacerlo, usted necesita usar sus sentimientos para obtener el respaldo y amor de los que le ayudarán a aliviar, si acaso no a resolver, su problema. (En el próximo capítulo trataremos más ampliamente sobre la importancia de otras personas a la hora de enfrentar las dificultades).

Cuando usted ignora sus emociones, agota la energía que necesita para resolver el problema. Intentar «no sentir» lo que sea que siente implica un desperdicio gigantesco de energía, y ese esfuerzo puede agotar el poder que necesita para resolver su problema. Tratar de no sentir lo que siente es como decirle a un terremoto: «¡Simplemente detente!».

¿Alguna vez ha pronunciado alguna de estas frases?

- Olvídate del sentimiento y avanza.
- Tengo que dejar de sentir esto.
- Simplemente necesito ocuparme en algo y los sentimientos desaparecerán.
- Me diré a mí mismo la verdad y eso pondrá en orden mis sentimientos.

En tanto que hay ocasiones en que usted en realidad necesita seguir avanzando (¡recuerde al piloto!), este método nunca funcionará a la larga. Dios propuso que los sentimientos nos ayuden a buscar, con él y los unos con los otros, la verdad en nuestras partes más íntimas: «Los pensamientos humanos son aguas profundas; el que es inteligente los capta fácilmente»[3].

La palabra hebrea que esta versión traduce como «pensamientos humanos» significa «la persona interior», que incluye las pasiones, emociones y valores. Todas las emociones tienen el propósito de expresarse y ser «sacadas a la luz». Esta es la naturaleza de los sentimientos. Así que actuamos en contra del diseño de Dios cuando pretendemos que nuestros sentimientos no existen.

Todavía más, cualquier intento de no sentir lo que siente, ignorar sus sentimientos, o simplemente negar que tenga emociones, le exigirá energía a fin de sustentarlo. Por eso, en el proceso de asesoramiento, cuando una persona que se ha mantenido actuando con su cabeza toda la vida y no ha lidiado con su corazón finalmente percibe que es lo suficiente seguro sentir ciertas cosas, esa experiencia puede resultar abrumadora. Tendrá que lidiar con las consecuencias de los años de emociones reprimidas y atravesará una temporada en que sentirá lo que nunca se permitió sentir. Es mejor mantener las cuentas claras con respecto a los sentimientos y guardar la energía para el problema que enfrenta.

CÓMO HACERSE AMIGO DE SUS SENTIMIENTOS

Varias destrezas le permitirán maximizar la ayuda que sus emociones pueden ofrecerle al lidiar con los problemas. Estos son algunos pasos prácticos a seguir.

Añada las emociones a su vocabulario. Cuando es posible hablar sobre algo, usted puede sentir y entender mejor. Siempre que tenemos una palabra para un sentimiento, permitimos que esa emoción se deje sentir y que se hable de ella. Una de las tareas de la crianza de los hijos es poner en palabras las experiencias de nuestros chicos. Por ejemplo: «No jugaste mucho en el partido de fútbol de hoy. Debes sentirte triste, y yo también estoy triste por ti. Vamos, busquemos un helado y hablemos de lo que aprendiste en cuanto al fútbol». Sin una palabra que usar para sus sentimientos, su hijo queda con alguna vaga mala experiencia en su cabeza y sin ningún lugar a dónde ir. Sin embargo, haciendo uso de las palabras puede hablar con su madre, saber que ella se ha expresado, sentir que su mamá lo entiende, y pasar a resolver el problema.

Para poner este paso en acción, busque en línea o mediante la American Psychological Association [Asociación Psicológica Estadounidense] una lista de sentimientos que cataloga las emociones, con varios matices e intensidades, desde lo positivo hasta lo negativo. Por ejemplo, *ansioso* y *aterrado* son primos, pero resultan diferentes en cuanto a lo que presentan. Repase la lista y trate de usar tres palabras que denoten «emociones» todos los días en una conversación con una persona que entienda de sentimientos. Hágalo hasta haber recorrido toda la lista. Después de este ejercicio, se sorprenderá al comprobar cuánto más cómodo se siente con sus sentimientos.

Dedique cinco minutos al día a solas para pensar en su problema. Durante ese tiempo, ábrase a sus emociones. Haga una lista de cualquier sentimiento que perciba. La mayoría de nosotros ni siquiera nos damos cuenta de lo que sentimos, ya que estamos frenéticamente atareados, nunca nos encontramos a solas, y tenemos miedo de lo que sucede en nuestro interior. Sin embargo, decídase de una vez y abra algún espacio RAM en su mente para sus sentimientos. Tome asiento junto a su escritorio o la mesa de la cocina cuando no haya nadie alrededor. Apague el celular y piense por usted mismo: *Tengo un problema médico*, o *No puedo dejar de comer demasiado*, o *No tengo ninguna pasión por mi trabajo*, o *Estoy perdiendo el amor y no quiero que eso suceda*.

Esta clase de enfoque sencillo constituye un mensaje para sus sentimientos: *De acuerdo. Quiero oír de ustedes*. Tal vez lo sorprendan sus emociones, y eso está bien. Usted está buscando información.

Una mujer con la que trabajé integraba la última categoría mencionada arriba: no sentía amor por su esposo. Cuando se permitió identificar su verdadero sentimiento con relación a esta situación, experimentó un gran alivio. «Esto es extraño», me comentó, «y me siento algo culpable. ¿Acaso no debería sentirme mal por no sentir amor por mi esposo?». Le contesté: «No, a menos que usted haya estado pretendiendo que sentía otra cosa por él y haya permanecido desconectada de sí misma durante años». Ella lo entendió, ya que era exactamente lo que había estado haciendo. Y el hecho de percatarse de lo que pretendía la ayudó a volver a comprometerse en su matrimonio y a amar de manera auténtica de nuevo.

Anote la información que aprende a partir de sus sentimientos en cuanto al problema. Recuerde, sus sentimientos le están diciendo algo acerca de usted mismo. Escuche a sus sentimientos y anote lo que aprende. Hallará valor allí, como ilustran estos ejemplos:

*Me siento impotente en mi matrimonio: no puedo cambiar la forma
en que él se comporta conmigo.* La impotencia le dice que usted
siente que no tiene alternativa. Sugiere un sentido de in-
competencia e inutilidad, pero ese sentimiento desdichado
puede conducir a una de dos posibles soluciones. Primero,
usted tal vez esté tratando de controlar algo sobre lo que no
tiene control, tal como los sentimientos o la conducta de su
esposo. Si ese es el caso, no insista más. No tiene nada que
ganar. Sus esfuerzos por controlar lo incontrolable solo

Recuerde, sus sentimientos le están diciendo
algo acerca de usted mismo. Escuche a
sus sentimientos y anote lo que
aprende. Hallará valor allí.

---

empeorarán la situación, aun cuando sienta que tiene razón. Segundo, usted tal vez esté dejando de controlar algo
que puede y debe controlar.

Cuando las personas se sienten impotentes en una relación personal, a menudo le conceden abundante poder al
otro, y en realidad ayuda a la relación si esa persona recu-
pera el poder. Usted puede, por ejemplo, decidir que necesita aprender a tomar sus propias decisiones en la vida

—decisiones que la acercan a sus objetivos— ya sea que él entienda o no, que la respalde o no. O puede decidir que no va a permitir que le hable de cierta manera, de modo que cuando lo hace, usted sale de la habitación. Estos ejemplos apoyan el punto de que sus sentimientos son sus amigos y pueden ayudarle a tomar decisiones y resolver su problema.

Estoy frustrado en mi trabajo. Mi jefe espera demasiado de mí y no me respalda. Hace poco, en una conferencia sobre el liderazgo, hablé con un hombre que trabaja en una empresa de energía y al parecer tiene un jefe bastante incompetente. Cuando me expresó su frustración, usamos ese sentimiento para ayudarle a avanzar por el camino que tiene que recorrer. Él quería ser productivo y tener éxito en su trabajo, pero no recibía una dirección buena ni clara de su jefe. Así que el plan que concebimos fue que le dijera a su superior: «Quiero lograr que tengas éxito. Deseo ayudarte a alcanzar tus objetivos, pero necesito más claridad. ¿Podemos reunirnos y concebir algunas estrategias?». La conversación no resolvió de inmediato todo el problema, pero fue un buen comienzo.

El punto que estoy tratando de recalcar es sencillo: Los sentimientos no son simplemente cortinas en la vida. Son vitales para entender la naturaleza de su problema a fin de que esté mejor informado, y eso es bueno para su bienestar. Lo que es más, sus emociones son las herramientas que lo ayudarán a resolver su problema. Así que abrace sus sentimientos, présteles atención y aprenda de ellos. Le irá mejor.

PASO 2:

Conéctese con las personas apropiadas

*Consulta todo con tu amigo, especialmente
aquello relacionado contigo mismo. Su consejo
puede entonces ser útil cuando tu amor
propio tal vez oscurezca tu criterio.*
—*Séneca (5 a. C.–65 d. C.)*

Casi se da por sentado que, cuando enfrentamos un problema difícil, la mayoría de nosotros empezamos a apartarnos y «encerrarnos». Ya sea que se trate de una cuestión prolongada y difícil en el matrimonio, un conflicto en la crianza de los hijos, o alguna dificultad en el trabajo, tendemos a retraernos por algún tiempo. No buscamos a otros, sino que dirigimos nuestra energía hacia adentro. Hay buenas razones para este patrón: su sistema está concentrándose, haciendo acopio de sus recursos y defensas, y prestándole atención a la resolución del problema a mano.

Las mujeres que están dando a luz, por ejemplo, se concentran extremadamente en los profundos niveles de la dificultad, el dolor, la importancia, el significado y la alegría que están experimentando en ese aspecto tan maravilloso de la vida. O considere al niño de tres años que de pronto se cae y se queda en silencio por varios segundos, casi paralizado, pero luego respira muy profundo y comienza a llorar. De igual modo, cuando usted está en su oficina y lee un correo electrónico que contiene malas noticias económicas, con toda probabilidad cierra la puerta, respira hondo, vuelve a leer el mensaje y se queda sentado a solas por un momento, ponderando lo que acaba de leer.

Muchas cosas buenas pueden suceder cuando usted enfrenta un problema y dedica tiempo para reflexionar. Como hemos observado en el capítulo previo, esos minutos pueden constituir un tiempo valioso para sentir sus emociones y aprender de ellas. Y pueden representar una ocasión para empezar a pensar a cabalidad en el problema y entender mejor su naturaleza, a fin de que pueda preparar un plan. Sin embargo, este «tiempo en la cueva» debe tener límites. Usted necesita conectarse con otros, extenderse y recabar el respaldo de las relaciones personales correctas en su vida y de aquellos que saben cómo resolver grandes problemas y estarán a su lado. Por cierto, Dios es el que principalmente abre el camino para nosotros, nos guía y nos conduce. Debemos confiar y seguirlo en lugar de avanzar a solas. Y nosotros también estamos diseñados para ayudarnos y brindarnos ayuda unos a otros: «Más valen dos que uno, porque obtienen más fruto de su esfuerzo. Si caen, el uno levanta al otro. ¡Ay del que cae y no tiene quien lo levante!»[1].

EL FACTOR DE LAS RELACIONES PERSONALES

Cuando caemos, resulta cada vez más claro que en realidad necesitamos de otras personas. Fuimos creados para las relaciones personales. Debemos vivir en comunidad.

Ser conocidos y que otros se
interesen por nosotros no es un
lujo ni una mejora en la vida;
constituye una necesidad.

Debemos vivir en conexión con personas que nos conocen bien y son buenas para nosotros. Es más, *ser conocidos y que otros se interesen por nosotros no es un lujo ni una mejora en la vida;* *constituye una necesidad.* Sin la capacidad de confiar y tener a otros «dentro» de usted, con toda probabilidad luchará con las relaciones personales, la salud, su profesión e incluso la enfermedad emocional. En términos de solución de problemas, lo mismo es cierto: cuando usted tiene un problema y no puede resolverlo de inmediato, puede tener a otros individuos en su lugar listos para ayudarlo.

No puedo recalcar demasiado esta segunda clave para resolver problemas. Cuando usted enfrenta un reto, necesita abandonar su posición de Llanero Solitario y asegurarse de tener a otros en su equipo. Los que eliminan los problemas lo hace mucho mejor por medio de las relaciones personales. Los que permanecen aislados y no permiten que otros se involucren en la situación se arriesgan a que los problemas los abrumen.

Mi amigo Kevin hace poco se encontró en medio de una tormenta perfecta de problemas. Él y su prometida rompieron. El Departamento de Recaudación de Impuestos realizó una auditoría en su empresa y congeló sus haberes. Sufrió algunos problemas serios de salud que lo mandaron al hospital. Había conocido a Kevin por algún tiempo y sabía que es uno de esos individuos que se siente más cómodo dando que recibiendo. Es un gran líder y proveedor, pero no tiene un buen historial en cuanto a pedir ayuda y respaldo. Hacerlo provoca que se sienta débil y vulnerable. En la familia de la que procede, unos padres alcohólicos e incompetentes produjeron un caos para él, así que rápidamente aprendió a ser el fuerte, el exitoso, el que cuida, sin abandonar esa posición por muchos años. Después de todo, le sirvió... hasta cierto punto. Continuó con su actitud al enfrentar dificultades en el matrimonio, la crianza de hijos y su profesión, las cuales brotaban de su inhabilidad para permitir que alguien más se le acercara.

Felizmente —y antes de que enfrentara la tormenta perfecta— Kevin había llegado a darse cuenta de que *su autosuficiencia no era una virtud, sino una debilidad*. Su autosuficiencia no era nada de lo cual enorgullecerse, sino en realidad constituía un obstáculo para llegar a ser una persona mejor y más exitosa. Como resultado, se dio cuenta de que necesitaba de otros, así que se unió a un grupo pequeño diseñado para obtener respaldo y lograr el crecimiento personal. Durante un tiempo Kevin trató de ser un ayudador para los demás miembros, pero de una manera amable, aunque firme, ellos le pusieron punto final a esto diciéndole: «Termina con esto, héroe. Queremos que nos permitas entrar en tu vida». Así que, con el tiempo, Kevin salió de su zona de comodidad y permitió que el grupo lo conociera, se interesara por él y lo respaldara.

Conforme Kevin llegaba a sentirse más cómodo con esas relaciones personales, se halló intercambiando correos electrónicos, haciendo llamadas telefónicas, y celebrando reuniones cara a cara con otros miembros del grupo. Su vida empezó a entrelazarse con las de ellos. Al mirar hacia atrás, me doy cuenta de que de alguna manera, sin darse cuenta, Kevin estaba construyendo un cimiento para lo que iba a enfrentar.

Cuando la tormenta relacional, financiera y médica llegó, Kevin supo qué hacer. Llamó a su grupo de amigos y les dijo: «Estoy en problemas. No tengo nada que ofrecerle

---

Dos contribuciones que las personas aportan a otros son conexión y realidad.

---

a nadie. Necesito ayuda». Esto fue un movimiento contraintuitivo para él y un paso nada fácil de dar.

No obstante, Kevin estaba saliendo de la cueva de su aislamiento y pasando a la luz de la necesidad y la vulnerabilidad humanas. El milagro sucedió. El grupo respondió de una manera muy conmovedora. Se turnaron para llamar a Kevin y visitarlo a diario. Elevaron oraciones por él. Le ofrecieron consejo y ayuda práctica. No fue fácil para Kevin recibir todo esto. Se sentía indigno y le preocupaba ser una gran molestia para sus amigos. El grupo le dijo: «¡Acéptalo! ¡Es tu turno recibir ayuda!».

Al momento de escribir esto, Kevin todavía no ha salido del problema. Sus circunstancias todavía son difíciles, pero él le dirá, como me lo dijo a mí, que ha avanzado para resolver sus cuestiones mucho más de lo que lo hubiera hecho si hubiera recurrido a su natural tendencia de vivir la vida en una cueva.

LA DIVISIÓN DE LOS ELEMENTOS

Considere el valor de las relaciones personales para resolver con éxito los problemas. Siga el ejemplo de un investigador farmacéutico que combina los medicamentos correctos para curar una condición médica. Piense en las personas como un ingrediente químico que ayuda a curar la enfermedad de los problemas espinosos. ¿Qué nos proveemos en realidad los seres humanos unos a otros que ayuda en esas situaciones?

He escrito ampliamente sobre el tema en otras obras[2], pero voy a ofrecer un resumen rápido y conciso. Dos contribuciones que las personas aportan a otros son conexión y realidad.

Conexión. Uso esta palabra para referirme a «una transferencia de cosas intangibles de una persona a otra». Estas cosas intangibles representan para nosotros el combustible de la vida aunque no podamos verlas. La conexión le provee amor, confort, respaldo, empatía y estímulo.

Cuando usted está profundamente conectado con otros, puede navegar a través de las tormentas de la vida mucho más fácilmente, incluso si sus amigos no le dan consejos ni respuestas.

Simplemente sentirse rodeado de personas que están con usted, le entienden y caminan a su lado tiene tremendo valor. La presencia de ellos en su vida le permite disponer de la energía, la motivación, la claridad, la creatividad y la fuerza que necesita para enfrentar el problema. Esto puede parecerle contraintuitivo a los que no están familiarizados con la dinámica de las relaciones personales, pero simplemente es verdad. Los que permiten que personas seguras formen parte de sus vidas tienen una existencia de mejor calidad y, estando bien conectados con otros, son más competentes para solucionar los problemas.

Un amigo mío me llamó para hablarme de un problema que estaba teniendo con un hijo adulto. El hijo, que tenía una adicción a las drogas, rechazaba toda ayuda de su padre, de modo que el papá comprensiblemente estaba perplejo. Se experimenta un sentimiento de impotencia al no poder hacer nada por un hijo cuando ese «hijo» es un adulto emancipado que puede ponerse a sí mismo más allá del alcance de su ayuda. El papá y yo intercambiamos algunas ideas y estrategias para hablar con el hijo. Al final de la llamada telefónica, mi amigo señaló: «Ya conocía la mayoría de las respuestas que encontramos, pero lo que más me ayudó fue que me entendiste. Sé que no estoy solo en todo esto». La conexión puede ser intangible e invisible, pero también lo es una molécula de antibiótico. Y ambas son ayudas poderosas en tiempos de dificultades.

Realidad. Al mismo tiempo que usted y yo necesitamos tener conexión los unos con los otros, también necesitamos la realidad que viene de la relación personal; es decir, usted necesita conectarse con personas que lo conocen y saben algo del problema. La realidad tiene que ver con el consejo, la sabiduría, la pericia, la experiencia y la competencia. Puede tratarse de quién es usted como persona y de sus propias tendencias y reacciones. O puede relacionarse con el asunto que está enfrentando al momento. La realidad tiene que ver con lo que es y lo que hago ahora.

Todos tenemos la tendencia a pensar: *Mi problema es único. Nadie ha enfrentado esto de la misma manera en que yo tengo que enfrentarlo.* En realidad, es verdad que nada resulta exactamente igual para dos personas diferentes. Todos somos como copos de nieve en nuestra singularidad, y por consiguiente en la singularidad de nuestras experiencias. Sin embargo, el ser como copos de nieve no quiere decir que no podemos todos llegar a ser hombres de nieve usando los mismos principios. Su situación y su problema lo han enfrentado, hablando en forma general, muchos que han vivido antes que usted a lo largo de la historia, y hay un número finito de maneras en que podemos luchar. Existen

41

muchos problemas, pero no una cantidad infinita de ellos. Las personas son capaces de proveerle perspectivas y soluciones que pueden hacer mucho por usted.

Las personas son capaces de proveerle perspectivas y soluciones que pueden hacer mucho por usted.

Hablé con una mujer cuyo novio se había alejado de ella y le había mentido en cuanto a otra relación que estaba teniendo. Esta experiencia fue devastadora, porque estaba muy apegada a él y pensaba que era el elegido. Sus hijos también querían al hombre y esta mujer no sabía cómo hablarles del asunto. Se trataba de un problema que le partía el corazón y con el cual ella no tenía experiencia. Había enviudado y poco después se relacionó con este hombre. Así que todas las complejidades del cortejo, la traición, la sanidad, el perdón y las dinámicas familiares combinadas eran un mundo nuevo y nada familiar para ella.

Me encontraba en un aeropuerto entre vuelos cuando me llamó. Le pregunté cuán urgentes eran las cosas. ¿Querría esperar hasta que yo regresara a casa una semana después para hablar más detalladamente? ¿Deseaba que la refiriera a un terapista que le recomendaría para la situación? ¿O quería hablar ahora, en los pocos minutos de que disponía antes de que saliera mi vuelo? Ella optó por esto último.

En menos de treinta minutos habíamos desenredado el problema y preparado un plan básico y factible. Ella tenía que romper clara y definitivamente con el hombre, que no había mostrado ni señal de querer dejar a la otra mujer. Necesitaba decirles a los hijos en un vocabulario apropiado para su edad, y sin detalles morbosos, que él ya no se presentaría de nuevo. Tenía que unirse a un grupo de respaldo con personas que estaban más versadas que ella en el mundo de los solteros y podían servirle de mentores. Ella precisaba hablar con esas personas antes de comenzar otra relación y también presentarles al nuevo individuo. Y no debía poner a sus hijos en conexión con el hombre con quien estuviera saliendo mientras no se hallaran en la fase de compromiso (mi regla personal de asesoría para proteger a los hijos). Todas estas sugerencias formaban una senda saludable para que ella recorriera.

Mi amiga se sorprendió de que pudiéramos manejar tanto la realidad en una sola llamada telefónica. Ella había pensado que llevaría semanas y semanas de conversación. Le dije: «A veces es así, pero fuiste muy sincera y no te mostraste a la defensiva. Querías conocer la realidad. Y estuvimos hablando de algo con lo que muchas personas con las que he trabajado han tenido que lidiar por largo tiempo. Tú eres experta en finanzas [era gerente en jefe de

---

Conéctese con personas que tengan
información y realidades que
lo ayudarán.

---

una organización]. Si yo te hubiera llamado con una pregunta en cuanto a inversiones o impuestos, ¿cuán complicado te hubiera sido ayudarme?». Ella contestó: «Tal vez treinta minutos si me das la información correcta».

Mi amiga captó el punto, y espero que usted también lo haga. Conéctese con personas que tengan información y realidades que lo ayudarán. Usted puede tener que hacer mucho por cuenta propia, y hay pocas, si acaso existe alguna, respuestas mágicas. Sin embargo, la realidad lo pondrá en la senda correcta para solucionar su problema.

LAS PERSONAS CORRECTAS Y LA MANERA CORRECTA DE BENEFICIARSE DE ELLAS

A estas alturas usted tal vez esté pensando: *Entiendo. Necesito hablar con mis amigos en lugar de preocuparme yo mismo por mi problema. De acuerdo. Ahora bien, ¿cuál es el próximo paso?* Si estos son sus pensamientos, reduzca la velocidad y piense un poco más profundo aquí. Hay más en este tema que simplemente tener amigos. Usted necesita la clase correcta de relaciones personales. ¿Está seguro de que las tiene a estas alturas? Tal vez necesite estructurar estas relaciones personales de una manera particular, y es posible que al presente no esté haciéndolo. He aquí mis recomendaciones.

Carácter. Usted necesita personas que tengan el tipo correcto de carácter. Deben mostrar en su interior la actitud correcta. No todos son así. Existen amigos, los cuales todos tenemos. Y luego están los amigos que tiene buen carácter. Su tiempo de enfrentar los problemas requiere de personas que pueden proporcionarle una conexión significativa y una realidad significativa. Personas de carácter.

Defino el *carácter* como algo más que la integridad personal, la honradez y la autenticidad. Significa *tener las capacidades necesarias para enfrentar las demandas de la realidad,* una definición que Henry Cloud y yo usamos en muchos de nuestros escritos[3]. La vida nos hace muchas exigencias: financieras, relacionales, en la crianza de los hijos, el matrimonio, la salud, el noviazgo y la profesión, para empezar. Piense por un momento en los problemas que tiene. Lo más probable es que consten en la lista que antecede. Y para atender esas demandas necesitamos ciertas destrezas y capacidades. Solo entonces podremos enfrentar las obligaciones de la vida.

Así que en realidad tiene sentido que sus amigos establezcan un profundo lazo emocional con usted; es decir, que se conecten a niveles significativos y lo «comprendan». Deben ser francos y claros en cuanto a quiénes son y establecer buenos límites. También deben saber cómo lidiar y hacer lo mejor en medio de las realidades negativas, los fracasos y las luchas. Y necesitan conocer cuáles son sus dones y talentos y cómo utilizarlos en su amistad con usted. Estas capacidades quieren decir que sus amigos tienen algo para dar que le ayudará a navegar en las actuales aguas borrascosas de su vida.

He aquí el punto: Escoja como amigos para los días malos a personas que cuenten con las herramientas y el material interno que serán de ayuda para usted. Esto no quiere decir que debe necesariamente dejar a sus amigos actuales o alejarse de ellos. Todos tenemos muchas relaciones personales por múltiples razones. No ignore al trabajador adicto, el amigo casual o el parrandero... ¡a menos que usted esté recuperándose del alcoholismo! Todas estas personas tienen un lugar en su vida, pero eso sí, haga una investigación delicada de unas pocas personas que sean amigos cuando los necesita.

Beneficiarse versus usar. Usted necesita beneficiarse —no usar— a sus amigos. Benefíciese de su firme carácter y pida su consejo, su ayuda, su respaldo y su sabiduría. No se amilane a la hora de decirles a sus amigos lo que necesita. Los buenos amigos aprecian eso. A veces tenemos miedo de beneficiarnos de nuestros amigos porque pensamos que estamos usándolos. Estas dos acciones distan mundos entre sí. Cuando usamos a las personas, nos aprovechamos de la relación personal y las explotamos para ganancia nuestra.

Por ejemplo, un amigo mío que está bien conectado con otros en la comunidad de los negocios me estaba sugiriendo nombres de personas que podría contactar mientras me encontraba trabajando en un proyecto de negocios. Miró su lista, escogió un nombre y me dijo: «No llames a este individuo. Él siempre toma mucho más de lo que da, y todos lo saben». Le pregunté lo que quería decir y me explicó: «Siempre que hablamos quiere saber qué puedo hacer por él, en qué negocios o proyectos puedo incluirlo. Yo no le importo, y rara vez me pregunta cómo me va». Sin embargo, beneficiarse de alguien es un asunto diferente. En lugar de explotar a esa persona, ambos disfrutan de una relación de dar y recibir. Se preocupan por la vida, las victorias y las tristezas de cada uno. Con libertad se piden el uno al otro ayuda, respaldo, sugerencias y sabiduría. Una amistad así es lo que enriquece nuestras vidas.

Una amiga mía se vio afectada por la caída económica del 2008. La profesión de su esposo sufrió un duro golpe y ella perdió el empleo en el que trabajaba a medio tiempo. Entonces decidió que, con lo poco que tenía que perder a estas alturas, debía tratar de buscar un trabajo haciendo lo que le gustaba. Nada menos nada resulta nada. Su reto, «Y ahora ¿qué hago?», fue hallar la manera de ganar dinero haciendo lo que le gustaba. Así que se inscribió en mi programa de entrenamiento para empleos y se sumergió en hallar su pasión. Acabó descubriendo que le encantaba hablar en público y tenía temas interesante e informativo que compartir. Sin embargo, no sabía por dónde empezar en términos de conseguir oportunidades para hablar. No tenía las conexiones necesarias a fin de empezar a departir en universidades, iglesias, reuniones de negocios, clubes rotarios, etc. Cuando se dio cuenta de que era en este aspecto donde estaba atascada, le sugerí que hiciera una lista de algunas personas que conocía que pudieran tener las conexiones apropiadas y les pidiera que le dieran nombres e información de contacto. Este paso fue algo duro para ella, porque no quería que otros pensaran que estaba aprovechándose de ellos. De modo que le expliqué: «Tú ya has pagado tu parte. Estas personas saben que te interesas por ellas y también has hecho cosas para ayudarles a crecer y triunfar en la vida. Arriésgate y pídeselos. Luego observa cómo responden».

Sintiendo a pesar de todo algo de temor y vacilación, hizo las llamadas… y sus amigos de buen grado le dieron la información que ella solicitó. Incluso se ofrecieron a ayudarla todavía más. Ella se quedó algo sorprendida por eso, pero la reacción de ellos la ayudó a entender la diferencia entre usar a las personas y beneficiarse de ellas.

Permítame hacerle una pregunta: Cuando alguien que genuinamente se interesa por su bienestar le pide un favor, ¿piensa que está aprovechándose de usted o se alegra de poder ayudarlo? Si usted es una persona razonablemente saludable, contestará que se alegra de ayudar. Sí, hay que beneficiarse de los amigos.

Estructura. Cuando un problema es lo suficiente peliagudo como para que usted esté leyendo este libro, quiere decir que ha tratado muchas cosas hasta este punto y no ha conseguido los resultados que desea. Esto también significa que tal vez no esté beneficiándose de sus amigos de forma tan eficiente como pudiera. Mucho en la vida y un gran número de oportunidades para solucionar problemas exigen que se haga el mejor uso del tiempo, la energía y el enfoque. A veces tenemos que añadirle estructura a nuestras relaciones personales a fin de conseguir la mejor ayuda posible para una situación difícil.

Cuando usted ha hallado a unas pocas personas «correctas», tal vez quiera preguntarles si pudieran reunirse y hablar de manera regular. Esta petición quizá implique que tiene que hacer varios contactos diferentes con varias personas diferentes durante una semana. O si es posible, tal vez signifique reunir a esas personas en el mismo salón al mismo tiempo para que le ayuden de una manera más sinergética. Esto es más difícil desde el punto de vista logístico, pero puede ser extremadamente útil.

Mi pastor me pidió que formara parte de una junta nombrada en específico para atender el desarrollo de los medios de comunicación en la iglesia. Él buscó personas con diferente experiencia en filmación, arte, medios de comunicación, teología, negocios y finanzas. Nos reunimos por un período determinado de tiempo y luego el proyecto terminó, pero fue una experiencia grandiosa ver a los miembros interactuar desde nuestras diferentes perspectivas concentrándonos en la tarea.

En su caso, usted tal vez cuente con algunas personas excelentes con las que simplemente puede reunirse o hablar en cuanto a alguna cuestión concerniente al trabajo, las relaciones personales o la economía. Sin embargo, estoy descubriendo cada vez más que esto no funciona para mí... o para la mayoría de las personas. ¿Cuántas veces ha jugado usted a las escondidas por correo de voz, entre reunión y reunión de los dos, con alguien con quien quería hablar? Así que recomiendo que les pida a unas pocas personas tener charlas regulares, por ejemplo, una vez a la semana por treinta minutos seguidos durante un mes o algo así. Si las personas saben qué compromiso está pidiéndoles, y en especial si es por un número limitado de semanas, resulta mucho más probable que piensen: «Shelley es una amiga de por vida, pero este proyecto incluye simplemente cuatro reuniones. Puedo hacer esto por ella».

A veces tenemos que añadirle estructura
a nuestras relaciones personales a fin
de conseguir la mejor ayuda posible
para una situación difícil.

Añádale estructura a sus relaciones personales con las personas apropiadas, y añada el poder del respaldo y la sabiduría. A menudo tengo reuniones telefónicas breves con personas que necesitan un consejo rápido. Convenimos en una hora y un día, y la persona prepara la agenda de antemano, determinando con antelación sobre qué desea hablar e identificando las preguntas que tiene. En tanto que estas llamadas pueden resultar amistosas, no son llamadas sociales. Cuando establecemos contacto, simplemente digo: «Está bien, ¿en qué es lo que quiere trabajar hoy?», y entonces vamos directo al grano.

Es asombroso lo que el enfoque hace para solucionar un problema.

PASO 3:

Construya una cerca fuerte

La ciencia es el conocimiento organizado.
La sabiduría es la vida organizada.
—*Emanuel Kant*

Por muchos años he sido copresentador en un programa radial diario de cobertura nacional que recibe llamadas. Este programa de asesoramiento se llama *New Life Live* [Nueva Vida en Vivo], y hemos tratado literalmente miles de situaciones de «Y ahora, ¿qué hago?». Estoy seguro de que hay asuntos de los cuales todavía no hemos oído… ¡pero el programa definitivamente ha cubierto abundante terreno!

Parte de toda conversación incluye un tiempo de entrenamiento que, de cierta manera, ayuda a los que llaman a aclarar por qué han llamado. Si usted ha oído el programa, conoce nuestro enfoque. Es algo como esto:

—Hola, Bob, en Indiana. ¿Cómo está usted?

—Bien, gracias. ¿Cómo están ustedes?

—Estamos bien. ¿En qué podemos servirle?

—Pues bien, tengo una situación con mi mamá. Cuando ella viene a vernos, en realidad critica mucho a mi esposa y la forma en que ella atiende la casa y disciplina a los hijos.

Bob entonces provee más información como contexto para su llamada.

—Suena como que las cosas son difíciles entre su esposa y su mamá. ¿Cuál es su pregunta?

—Así es, realmente resulta difícil. No quiero lastimar los sentimientos de mi mamá, pero tampoco deseo fallarle a mi esposa.

—Eso es un conflicto, Bob. De modo que, ¿cuáles son sus preguntas?

—En realidad las quiero a ambas, como saben. Mi esposa dice que no la estoy poniendo a ella primero.

—Entendemos. Entonces, ¿cuál es su pregunta?

—¿Mi pregunta? Pues bien, pienso que es: "¿Cómo hablo con mi mamá sin lastimar sus sentimientos?"

—Excelente pregunta. Muchos han tenido esta lucha. Estas son algunas ideas...

Nosotros, los seres humanos, no tenemos naturalmente la capacidad de «hacer la pregunta» cuando enfrentamos un problema difícil. Tendemos a dar rodeos, preocuparnos, obsesionarnos, discutir el problema largo rato, y analizarlo a más no poder. Todo eso es necesario e importante, porque mientras más entienda uno un asunto, mejor le irá cuando se trata de hallar una solución. Sin embargo, en algún momento es preciso hacer la pregunta.

Como los solucionadores de problemas con experiencia saben y aprecian, *resulta esencial definir y fijar los parámetros del problema.* Usted tiene que saber dónde empieza su

Usted tiene que saber dónde empieza
su problema y dónde termina. Esto
constituye una cuestión sencilla
pero esencial de claridad.

problema y dónde termina. Esto constituye una cuestión sencilla pero esencial de claridad. Por cierto, le sorprenderá cuánto se avanza para resolver un asunto cuando se da este paso. La definición y la claridad siempre nos ayudan a obtener impulso para solucionar nuestro problema, y eso no debería sorprendernos, «porque Dios no es un Dios de desorden sino de paz»[1].

LO QUE LOGRAN LOS PARÁMETROS

Hay dos razones prácticas por las que definir claramente su problema es un paso clave para solucionarlo. Primero, tanto como sea posible, *usted quiere integrar su solución a su vida normal en lugar de permitir que el problema redefina su vida.* Los problemas ya son lo suficiente perturbadores. Nos preocupan, nos distraen, interfieren con nuestros sueños y metas, y nos exigen montones de energía. Sí, los problemas pueden afectar grandemente su existencia, pero permitirles que definan su vida es darles demasiado poder. No permita que sus problemas descarrilen todo lo demás que le importa. Por cierto —y tristemente— hay excepciones a esto: una enfermedad seria o una crisis con un hijo, por ejemplo, pueden tender a redefinir la vida, por lo menos durante un tiempo. Cuando una amiga mía contrajo cáncer, su esposo, la familia, sus amigos y la iglesia se concentraron alrededor de ella en un respaldo nada usual por un año. Felizmente, ella está bien ahora, pero durante un año muy aterrador nada importaba excepto su enfermedad y su tratamiento.

No obstante, excepto en situaciones extremas como estas, es mejor definir el problema lo más específicamente que sea posible. Fije parámetros en cuanto a en qué consiste exactamente el problema y en qué no, a fin de que pueda continuar con las actividades de la vida —sus relaciones personales, su profesión, sus intereses— que son buenas, saludables y significativas. Los parámetros lo ayudarán a decir: *He hecho todo lo posible con relación a este problema hoy y es tiempo de volver a la vida normal.* Si no fijamos parámetros, es demasiado fácil abandonar la vida y concentrarse solo en el asunto: *No puedo disfrutar de la vida mientras no tenga el empleo apropiado o el novio adecuado; No puedo intimar con mi cónyuge mientras no hayamos resuelto todas nuestras diferencias; o No puedo ser feliz a menos que mis hijos no tengan ningún conflicto.* Los parámetros lo protegen de esta forma de pensar que drena la vida.

Segundo, en adición a impedir que los problemas se apoderen de nuestra vida, los parámetros nos enseñan a ser diligentes y pacientes en medio de nuestros problemas. Nos ayudan a sembrar semillas de salud y cosas buenas y esperar la cosecha. Las personas más felices y más saludables del mundo entienden este secreto de la gratificación postergada. Estos individuos se contentan con hacer lo correcto todos los días aunque los resultados de actuar así no sean siempre visibles de inmediato. Estas personas aman, se conectan, asumen su responsabilidad, actúan, admiten sus equivocaciones… y saben que con el tiempo deben ver el fruto de sus esfuerzos. Estas personas confían en el principio de que «cada uno cosecha lo que siembra»[2]. No exigen resultados instantáneos como los niños. Más bien, siendo adultos, mantienen el curso y esperan la cosecha. También recuerdan que un problema tal vez no exista

simplemente para que se resuelva, sino que quizá su propósito sea servir de herramienta de entrenamiento dada

---

A veces vemos un problema donde
en realidad no existe ninguno. Así
que asegúrese de que tiene
un problema real.

---

por Dios para el desarrollo del carácter. Busque la lección
que el problema tal vez tiene la intención de enseñarle.

Ahora que ha reconocido el valor de definir un problema y fijar parámetros para el mismo, considere estas
tres preguntas cruciales que le ayudarán a llegar a donde
quiere ir.

¿TENGO EN VERDAD UN PROBLEMA?

¿Existe el problema en la realidad o solo en su mente? No
estoy hablando aquí sobre ser psicótico. Me refiero a la
tendencia que tenemos a veces de ver un problema donde
en realidad no existe ninguno. Así que asegúrese de que
tiene un problema real. Si usted no tiene un problema, entonces no hay nada —por lo menos nada específicamente

pertinente a su situación— que tenga que definir o aclarar. En verdad, aclarar nada no ayuda nada.

Ahora piense en mi definición original de un problema: *una situación en la cual quiero avanzar de un estado presente a un estado deseado, pero no puedo hacerlo de inmediato.* Luego considere las siguientes dos situaciones que parecen ser problemas, pero tal vez no lo sean. Ellas son:

Situaciones que en realidad son buenas y hay que aceptarlas como buenas. A veces nuestro deseo de pasar de un estado a otro resulta errado, y el lugar en el que estamos en realidad es el mejor sitio para estar. Cuando ese es caso, nuestro deseo es la cuestión con la que hay que lidiar, y no la situación. Digamos, por ejemplo, que tiene setenta y cinco años y no tiene la resistencia física que en un tiempo le permitía trabajar setenta horas a la semana y dormir cinco horas por noche. Usted quiere pasar del estado presente de salud apropiado a su edad a tener la constitución de un individuo de veinticinco años. Así que busca un régimen de salud, nutrición y ejercicio en un esfuerzo por recuperar ese nivel de energía. En mi mente, el problema no es la falta de energía; el problema es el deseo. Permítame explicarlo.

La investigación del desarrollo psicológico sugiere que los setenta son una etapa maravillosa en la vida que, aunque se caracteriza por menos energía y resistencia, más bien permite que uno disfrute y abrace una variedad de actividades, incluyendo la reflexión sobre asuntos más profundos, la celebración de relaciones personales muy queridas, y una clara confirmación del propósito y la misión de uno en la vida. El deseo de una persona de tener veinticinco años pudiera, por consiguiente, ser más una cuestión emocional arraigada bien sea en una cierta renuencia al proceso de envejecimiento, o en alguna idealización de cuán grandiosos fueron los veintitantos y una ceguera al valor de cualquier cosa en los años más maduros.

O suponga que está saliendo con un individuo que no es una buena pareja y él rompe con usted. Algo en su interior tal vez se dispara, y debido a que usted es la persona dejada y no la que lo dejó, desea recuperarlo. Así que puede intentar tener conversaciones, arreglar reuniones, e incluso tratar de llegar a ser la mujer que él quiere que sea, pero simplemente este hombre no tiene interés en usted. Esto probablemente no es el problema. En realidad, su acción la deja libre para buscar en otras partes una relación personal más saludable, más satisfactoria. El problema emocional es más una cuestión de control que de amor; un control que declara: *Quiero recuperarlo a fin de ser yo la que rompa con él.* Y eso nunca funciona.

Así que mire de cerca su situación actual. Asegúrese de que aunque la hierba parezca más verde en el jardín ajeno, en realidad es más verde y no está simplemente pintada.

Situaciones que no se pueden cambiar y hay que dejarlas: A veces las circunstancias difíciles producen una pérdida y no hay vuelta atrás. Usted no puede volver, o con toda probabilidad no volvería, al estado original y deseado. Cuando se ha divorciado y su ex ya se ha vuelto a casar, por ejemplo, resulta muy improbable que usted llegara en algún momento a casarse de nuevo con ese cónyuge. Simplemente hay demasiadas realidades que se interponen. O suponga que está en sus cuarenta y tantos y ha perdido un trabajo en un sector en el que abundan los jóvenes. Las probabilidades están muy en su contra en cuanto a actualizarse, hallar algo en ese campo y ganar la cantidad de dinero que solía ganar. Tal vez es tiempo de buscar en otra parte, y hoy muchas personas diestras y creativas están haciendo exactamente eso con éxito.

Estos escenarios no constituyen problemas. Son situaciones que hay que aceptar, adaptarse y lamentarlas. No hay vergüenza en perder algo que uno quería. Necesitamos entristecernos y derramar unas cuantas lágrimas por algo que queríamos, anhelábamos o deseábamos, pero no podemos tener. La tristeza viene cuando uno acepta la realidad en lugar de insistir en que la realidad se postre a los intereses de uno. La primera opción es clave para la salud mental; la segunda es la senda a la locura. No vaya por ese camino. Más bien, créame que llega un momento en que todos los solucionadores exitosos de problemas dejan de darse cabezazos contra la muralla de la realidad y dicen: «Ganaste. Voy a cambiar». Estas son las personas que avanzan y hallan satisfacción en otros aspectos de la vida y en la relación con otras personas.

ASÍ QUE, ¿CUÁL ES EL PROBLEMA?

Ahora consideremos las situaciones en las cuales usted en efecto quiere ver cambios… y por una buena razón. Analicemos los problemas reales. Es importante *saber cuál es el problema y definirlo con claridad*. Enunciar un problema por lo general implica un planteamiento negativo. Y por negativo no quiero decir algo que no se debe hacer, ya que algunos negativos son muy buenos para nosotros (como por ejemplo: «El resultado del análisis de laboratorio fue negativo»). Quiero decir que usted indica el problema en un vocabulario negativo. He aquí algunos ejemplos:

- Mi matrimonio no es tan íntimo como desearía que fuera.
- Mi trabajo no es financieramente satisfactorio o no se corresponde con mis talentos.
- No me siento bien durante el día; siempre estoy cansado y desalentado.
- No tengo suficientes relaciones personales profundas y edificantes.

- Mi hijo tiene problemas de conducta que trastornan su vida y la nuestra.
- No me siento lo suficiente cerca de Dios, aunque sé que me ama.

Todas estas seis declaraciones indican un problema con claridad, pero de manera sucinta. Hacer esto es muy importante y útil, porque entonces usted puede tener una clavija mental en la cual colgar lo que aprende en su investigación y sus relaciones personales. En los negocios, la frase *discurso de ascensor* quiere decir poder resumir el producto o servicio de una compañía mientras el ascensor pasa de un piso a otro. Como esa clavija mental, un discurso de ascensor es valioso porque aguza la mente y mantiene el enfoque, sin permitir las distracciones ni que uno se salga por la tangente.

Hace poco hablaba con un amigo cuya esposa lo dejó y le pidió el divorcio. Esta experiencia fue muy dolorosa para él y trastornó toda su vida. Sin embargo, estaba haciendo un gran trabajo para empezar a recoger los pedazos de su vida. Se unió a un grupo pequeño saludable en su iglesia, recibía buenos consejos, e intentaba establecerse en esta nueva realidad. No obstante, me pidió consejo en cuanto a cómo atender a sus tres hijos pequeños. Quería saber cómo hablarles sobre el divorcio, responder a sus preguntas con un vocabulario apropiado a su desarrollo, consolarlos y afirmarlos, así como evaluar si necesitaban un terapista. Debido a nuestros horarios, convenimos en una conversación de treinta minutos por teléfono. Me imaginé que eso sería más que suficiente, porque sabía que él había estado hablando con buenas personas durante unos cuantos meses, de modo que nuestra conversación se enfocaría más en sus hijos que en el problema entero de su vida.

Sin embargo, cuando comenzamos la conversación y le pregunté cómo le iba, empezó con gran detalle y emoción a contar lo que había estado sucediendo, pero habló principalmente sobre su matrimonio y la relación con su ex esposa en lugar de hablar de los hijos. Sentí gran compasión por él, así que escuché más. Después de todo, era muy evidente que no estaba en el lugar a fin de planear estrategias para el cuidado de los hijos. Finalmente, debido a que yo tenía un horario muy apretado, le pregunté: «¿Cómo puedo ayudarte con tus hijos?». Él continuó hablando y contesté las preguntas que tenía, pero no dedicamos el tiempo para hablar de los chicos que yo hubiera querido. Incluso así, si tuviera que volver a acordar este encuentro telefónico, probablemente dirigiría la conversación de la misma manera, porque percibí el dolor y la necesidad de mi amigo. Con todo, el punto es que siempre resulta mejor, tanto como sea posible, enunciar el problema en pocas palabras. Mientras más claro sea, más rápidamente hallará soluciones.

SERIEDAD

Parte de definir un problema es determinar cuán seria es la situación. La evaluación de su importancia le preparará para las etapas de solución en el Paso 5. Conocerá mejor cuánta energía y cuántos recursos aplicar a la situación.

Como ya mencioné antes, usted tiene que saber si esta es una crisis urgente que exigirá temporalmente todo su tiempo y atención, o si es algo menos apremiante y puede tener una vida equilibrada mientras persigue de manera decidida un curso de acción. Uso los sencillos términos *suave, moderada,* y *severa* para facilitar la evaluación del alcance y la urgencia de la situación.

Suave: La situación me fastidia y puede empeorar, así que tengo que atenderla. Sin embargo, no trastorna mi vida, mi trabajo, mis relaciones personales ni otros esfuerzos. Simplemente estoy consciente de ella. Por ejemplo, usted necesita perder cinco kilos para ponerse en forma, pero en realidad no ha estado haciendo nada para alcanzar esa meta. O usted está saliendo con una mujer que realmente le gusta, pero a veces ella parece presionarlo un poco a asumir un mayor compromiso y al matrimonio. Una situación rotulada «suave» es algo que hay que atender, pero en realidad no exige una gran decisión.

Moderada: Esta situación surge bastantes veces e interfiere con la forma de vida que quiero vivir. No es una crisis, pero hallo que estorba mi crecimiento personal y el progreso hacia mis metas. Un ejemplo

es un matrimonio que tiene muchos buenos aspectos. Tal
vez crían de manera apropiada a los hijos y se llevan bien,

**Ninguno de nosotros mantiene la aguja
todo el tiempo sobre la realidad
perfecta. Así que pídales a unas cuantas
personas maduras que le ayuden a entender
cuán malo es o no el problema.**

---

pero hay poca pasión o entusiasmo del uno hacia el otro.
La relación personal se siente especialmente vacía cuando
no hay una persona, actividad o ruido que le distraiga de
la desconexión. O usted sabe que su compañía tal vez se
reduzca. Aunque el jefe le dice que su trabajo es muy valioso, se pregunta si debería empezar a actuar simplemente
en caso de que la reducción signifique que se quedará sin
empleo.

*Severa: La situación es una crisis que requiere enormes cantidades
de mi tiempo, energía y enfoque. Esta crisis pudiera potencialmente apo-
derarse de mi vida. En realidad, esta situación incluso podría empeorar
antes de mejorarse.* Un ejemplo sería una cuestión seria de salud, un hijo fuera de control que está consumiendo drogas,
o que el que gana el pan en la familia resulte despedido sin
ninguna perspectiva de trabajo en el horizonte.

Ninguno de nosotros mantiene la aguja todo el tiempo sobre la realidad perfecta. Usted tal vez sea un optimista eterno que minimiza las cosas, o puede luchar con la ansiedad y tener la tendencia a hacer las cosas mucho peor en su mente, una opción con la que lidiamos en el Paso 4. Así que, pídales a unas cuantas personas maduras que le ayuden a entender cuán malo es o no el problema. Usted tal vez necesite bien sea ponerse en movimiento más rápido... o aminorar el paso y confiar en Dios, su proceso de cambio y su tiempo.

¿QUÉ QUIERO?

En respuesta a esta pregunta más positiva acerca de su problema, usted describe el estado deseado, lo que quiere que sea la situación. El deseo es una gran cosa y, según pienso, un don de Dios. Ciertamente, espero que usted tenga deseos que no se arraiguen en resolver problemas; espero que tenga deseos que simplemente sean buenos deseos: *Quiero establecer una empresa sustentable y sólida; Quiero escribir un libro; Quiero contribuir con mi tiempo para ayudar los pobres;* o *Quiero disfrutar de buenas experiencias en las vacaciones.*

Hacerse usted mismo la pregunta «¿Qué quiero?» lo ayuda a aclarar sus pensamientos de una manera diferente a lo que lo hace la pregunta «¿Cuál es el problema?». La pregunta basada en el deseo lo sensibiliza ante sus motivaciones, su energía y sus anhelos. Lo conecta al impulso interno que lo empuja hacia la acción y los resultados. Sin deseo, no hay conductas orientadas a la solución. Si existe una abundancia de deseo, habrá abundancia de conductas orientadas a la solución.

Vinculemos las respuestas a estas dos preguntas para darle una mirada más plena a la definición de dónde está usted y dónde quiere estar:

- Mi matrimonio no es tan íntimo como desearía que fuera. *Quiero un matrimonio íntimo con mi cónyuge.*
- Mi trabajo no es financieramente satisfactorio o no se corresponde con mis talentos. *Quiero un trabajo que pague bien y que se corresponda con lo que soy.*
- No me siento bien durante el día; siempre estoy cansado y desalentado. *Quiero sentirme con energía y bien todo el día.*
- No tengo suficientes relaciones personales profundas y edificantes. *Quiero unas cuantas relaciones personales seguras y que produzcan crecimiento en mí.*
- Mi hijo tiene problemas de conducta que trastornan su vida y la nuestra. *Quiero que mi hijo sea feliz y pueda ejercer dominio propio sobre su conducta.*
- No me siento lo suficiente cerca de Dios, aunque sé que me ama. *Quiero sentir el amor de Dios por mí.*

¿Ve el beneficio de hacer ambos tipos de preguntas? Usted enuncia el problema y luego expresa lo que quiere. Desear una buena solución no es señal de egoísmo. Simplemente anhela que las cosas malas mejoren, y no hay nada de malo en eso. Recuerde: *Si solo piensa en el problema y nunca en sus deseos, está todo el tiempo jugando a la defensiva en la vida, no a la ofensiva.* La vida no se trata fundamentalmente de solucionar problemas. La vida tiene que ver con Dios, las relaciones personales y nuestro propósito. Resolver problemas elimina los obstáculos en el camino a fin de que pueda vivir la vida que Dios desea para usted.

Así que tenga presentes estas preguntas: ¿Tengo un problema? ¿Cuál es? ¿Qué quiero? Mantenga sus respuestas sencillas, manténgalas enfocadas, construya una cerca fuerte, y se hallará en el camino correcto para hallar una solución a su problema.

PASO 4:

Libérese del temor

A lo único que debemos temer es al temor
mismo; el temor sin nombre, irracional,
sin justificación, que paraliza los esfuerzos
necesarios para convertir la retirada en avance.
—*Franklin D. Roosevelt*

Una amiga mía se disponía a empezar un nuevo negocio y me pidió que la ayudara. Estaba pasando de un amplio trasfondo y experiencia en la enseñanza a una carrera en la consejería. Se había preparado bien y, a nivel de capacitación, estaba lista para avanzar. Hablamos de su plan de negocios y mercadeo. Ella quería preparar un sitio web como parte del esfuerzo de mercadeo. El proyecto marchó bastante bien por unas pocas semanas. Mi amiga es una persona competente que trabajó fuerte para hacer que las cosas despegaran. Excepto por su sitio web, el cual se atascó temprano en el partido. Siempre que hablábamos del proyecto, ella se entusiasmaba y me mostraba abundantes progresos en el aspecto financiero, en cuanto a definir los servicios que ofrecería, y con relación a los contactos que estaba haciendo. Sin embargo, al final de nuestra charla el sitio web apenas recibía unos pocos segundos y comentaba: «Ya llegaré a eso. Hablaremos de eso más tarde». O algo parecido.

Finalmente, me preocupé un poco. La empresa estaba avanzando en varios frentes, pero pronto la falta de un sitio web atractivo significaría una desventaja en su progreso. Así que tuvimos una conversación enfocada específicamente en el desarrollo del sitio. Le pregunté por qué parecía estar tan atrasada. Sin mostrarse segura al principio, pensó que tal vez se debía a que no tenía mayor pericia en cuanto a la web, aunque me aseguró que se pondría al día. Sin embargo, eso en realidad no tenía sentido, ya que no había tratado de actualizar el sitio por un buen rato. Examinamos más hondo el problema. Entonces ella al fin espetó:

—¿Sabes? Le huyo al sitio. En realidad le tengo miedo.

—¿Por qué? —pregunté.

—Porque no sé lo que estoy haciendo. Sé cómo entrenar, cómo organizarme y cómo hablar ante grupos de personas. Pero no sé nada acerca de desarrollar un sitio web.

—Tal vez no, pero muchos hoy simplemente van a un sitio web de diseño y usan una plantilla, o contratan a un diseñador y le dicen lo que quieren. Hay abundantes opciones sencillas y de bajo costo en estos días. Eso no puede ser —dije, presionando un poco más.

Estaba tratando de ayudarla a avanzar más allá de las razones, más allá de su cabeza y hasta su corazón, ya que sospechaba que había algo de naturaleza más emocional.

Por último, casi con las lágrimas asomándole a los ojos, declaró:

—Tengo miedo de quedar como una tonta.

—¿Una tonta? —pregunté—. Tienes una maestría y en realidad eres muy inteligente. ¿De dónde viene esa idea?

Ella lo pensó por un momento y dijo:

—Siempre me he sentido cómoda haciendo lo que sé hacer bien en áreas que conozco. Sin embargo, cuando intento algo en lo que no tengo experiencia, me digo a mí misma que soy una idiota y que todos los demás piensan lo mismo.

Entonces me contó cómo había crecido con unos padres que esperaban que sobresaliera en todo lo que hacía. Ellos eran personas extremadamente brillantes y algo rígidas. En sus mentes no había espacio para una curva de aprendizaje. *Hazlo bien a la primera o segunda vez, o eres una tonta*, era el credo sobrentendido. Este tipo de cultura familiar produce a una persona perfeccionista que se paraliza por el temor cuando se encuentra en una situación nueva.

Las nociones que mi amiga adquirió mientras hablaba de su niñez fueron determinantes para ella. Sí, tenía un

---

Usted tiene que librarse del temor a fin de resolver su problema.

---

problema: no estaba avanzando en su proyecto del sitio web. No obstante, la base del problema no era su falta de experiencia en el desarrollo de un sitio web o una incapacidad para definir el negocio. Simplemente estaba atascada en el temor y no podía liberarse. Una vez que desenterró el temor y sus raíces, pudo pasar tiempo resolviendo su miedo usando los principios de este capítulo, y avanzó en el sitio web.

Este es el punto: *Usted tiene que librarse del temor a fin de resolver su problema.* Es muy común que algún tipo de temor o ansiedad sea la razón por la que las personas tienen una dificultad relacional, profesional o familiar que parece que no pueden resolver o superar. En realidad, mi experiencia me ha mostrado que el temor impide la solución del problema mucho más que cualquier otra emoción, y es por eso que tiene su propio capítulo en este libro.

Dicho sea de paso, por supuesto que no todo temor y ansiedad son malos. Si usted es una persona impulsiva, necesita algo de ansiedad para controlar las cosas. También, puesto que soy padre de dos adolescentes, uno de mis objetivos en efecto es producir temor en ellos, ¡porque a menudo no se preocupan lo suficiente en cuanto a las consecuencias futuras! El temor basado en la realidad que le hace pensar de antemano en sus acciones y su vida es algo bueno. Saber que hay que pagar el arriendo o la hipoteca el día primero del mes nos mantiene trabajando activamente o buscando trabajo. Ese conocimiento nos proporciona enfoque y energía. Es el temor que no está conectado con la realidad el que constituye un problema.

También vale la pena aclarar que usaré las palabras «temor» y «ansiedad» de forma intercambiable en esta perspectiva general. A nivel técnico, algunos expertos afirman que el temor tiene un objetivo específico (alguien le apunta con una pistola), mientras que la ansiedad no (se trata de un sentimiento impreciso de que las cosas no son seguras). No obstante, he hablado con demasiadas personas que se sienten ansiosas con respecto a un trastorno financiero concreto o una relación personal rota como para que esa definición sea exacta. Pienso que la diferencia entre el temor y la ansiedad es más una cuestión de enfoque. El temor se dirige a la situación («Me asusta la desaceleración económica. No sabemos cuán malas se pondrán las cosas

o si mejorarán»), mientras que los sentimientos de ansiedad se concentran en su propia experiencia («Me preocupa

---

Los pensamientos obsesivos acerca de lo
que tal vez salga mal pueden mantenerlo
pensando en lugar de actuar.

---

tanto la desaceleración que no duermo bien, me siento in-
tranquilo y no puedo concentrarme en mi trabajo»).

Ahora, volviendo al asunto entre manos, permítame
darle algunas de las razones por las cuales el temor mata
las soluciones:

- *El temor lo paraliza.* El temor le impide ser decisivo, y los
  pensamientos obsesivos acerca de lo que tal vez salga
  mal pueden mantenerlo pensando en lugar de actuar.

- *El temor nubla su juicio.* El temor puede hace que se
  preocupe por las cosas erradas y le asigne demasiado peso a algo que no es tan importante. Todavía
  oyendo sus voces del pasado, mi amiga se sentía demasiado preocupada por lo que sus padres pudieran
  pensar como para avanzar en un sitio web que le
  ayudara a cumplir sus objetivos.

- *El temor lo hace actuar a corto plazo en lugar de a largo plazo.* ¿Alguna vez se ha comprometido con la persona errada en el amor o los negocios debido a que esa persona estaba disponible, usted estaba ansioso, y no podía esperar por la situación debida?

- *El temor limita su creatividad.* Hablando figuradamente, si hay algo que necesita a fin de arreglar su teléfono celular, es creatividad: una nueva manera de mirar las cosas desde una perspectiva fresca y diferente. Sin embargo, cuando usted no puede sacar de su mente el temor, solo piensa en términos de seguridad y supervivencia. Usted no reflexiona: «¿Cuál es una manera diferente y extravagante de ver mi situación?» Más bien se pregunta: «¿Cómo puedo protegerme a mí mismo?».

Una cosa más. Hay una buena razón para considerar el temor en este punto en la secuencia de solucionar problemas, después del capítulo en cuanto a fijar parámetros para el problema y antes del capítulo sobre encontrar una solución. Este es el punto adecuado porque he visto que *cuando enfrentamos las verdaderas realidades de nuestros problemas, de forma natural e inmediata sentimos ansiedad y temor.* Es decir, cuando usted ve los detalles de lo que no tiene o no le gusta en la vida, cuán serias pudieran ser las circunstancias y cuánto desea que las cosas sean diferentes, su situación en la vida puede resultar amedrentadora y aterradora. Imagínese ir a ver al médico, someterse a un análisis y recibir resultados que no quería oír. Usted tiene más información de la que tenía antes, y se siente abrumado. De la misma manera, ahora que sabe más sobre el problema que quiere resolver y probablemente se siente abrumado, es tiempo de lidiar con el temor que acosa a todos en esta coyuntura. Comprendamos un poco más lo que es el temor a fin de poder combatirlo con éxito.

EL ADN DEL TEMOR

El temor es básicamente una señal de peligro. Alerta a uno con respecto a algo que pudiera hacerle daño y nos hace más vigilantes, con la cabeza más clara. El temor también aumenta la adrenalina en caso de que uno necesite energía más rápido. Y el temor eleva el sentido de que tal vez suceda algo que uno no puede controlar, de modo que hay que alistarse. Piense en un grupo de cebras que olfatean el rastro de un león. No pueden controlar al león, pero sí pueden controlar dónde van a estar y huyen. No obstante, los seres humanos no pueden tolerar estar demasiado asustados por mucho tiempo. La adrenalina simplemente no surte efecto después de un tiempo, perdemos energía, dejamos de estar bien enfocados, y a veces solo nos damos por vencidos. Uno no puede hacer funcionar el motor mental a ocho mil revoluciones por minuto todo el tiempo. Habrá algo que se descompondrá.

Así que el temor puede ser su amigo, pero la clase y la cantidad erradas de temor le impedirán que resuelva el problema como es debido. Por ejemplo, si se siente abrumado y se deja ganar por el pánico con relación a su trabajo, el futuro, una relación personal o su salud, no pensará con claridad. Más bien, simplemente se pondrá en la modalidad «pelea o huye», lo que significa que hará algo irracional y precipitado, o evadirá el problema arriesgándose a que empeore.

Para otros, el temor se complica con su propio perfeccionismo. Cuando estas personas encuentran un problema, se preocupan más por cometer errores y hacer que la situación empeore que por concebir una solución adecuada. Así que estas personas no hacen nada porque no pueden imaginarse cómo resolver el problema perfectamente. Trabajé con una pareja cuya hija pequeña tenía soberanas rabietas siempre que no podía salirse con la suya. Sin embargo, sus padres poseían una cierta inclinación al perfeccionismo y no querían hacer nada que lastimara la imagen personal de la niña. No se daban cuenta de que una imagen personal saludable brota de sentirse amado y aprender a tener dominio propio, y no de que se nos permita vivir sin control. La mamá y el papá se preocupaban constantemente por «la mejor manera de hablarle a Steffy». Finalmente, les dije: «Ya basta. Ustedes han pensado muchas formas de lidiar con ella, y pienso que el plan que ahora tienen [que

-----

Los seres humanos no pueden tolerar estar demasiado asustados por mucho tiempo.

-----

incluía una conversación sobre el amor, el respaldo, las expectativas realistas, los límites claros y las consecuencias apropiadas] es suficiente. Tengan la charla e implementen el plan. No es perfecto, pero ella habrá empeorado para cuando hallen el plan perfecto». Así que hablaron con Steffy esa semana. El curso de acción que habían planeado era riguroso, como pueden imaginarse, pero persistieron. Honestamente, no sé cuánto tiempo hubieran postergado la solución a su problema si su perfeccionismo y temor hubieran ganado.

HERRAMIENTAS PARA DESVANECER EL TEMOR

Veamos cuatro herramientas que pienso que servirán mucho para ayudarlo cuando los temores amenazan con

impedirle avanzar de manera decidida y creativa a fin de solucionar su problema.

I. Confíe en Dios. Dios es más grande que cualquier problema que tengamos. Él tiene hombros más anchos para cargar su problema que los que tiene usted: «Depositen en él toda ansiedad, porque él cuida de ustedes»[1]. Me encanta la palabra que esta versión traduce «depositen» en el versículo citado. En el idioma griego se refiere a la acción física de lanzar o arrojar. La idea es negarnos firmemente a representar el papel de Dios aquí y más bien pasarle a él el problema: «Dios, simplemente no puedo hacer esto por mí mismo. El problema está más allá de mis posibilidades y no puedo con él, así que te lo entrego. Allá va». Y él lo atrapará y lo llevará. La confianza en Dios siempre reduce el temor.

2. Compártalo con unas cuantas personas seguras. Cuando se siente ansioso, lo peor que puede hacer es quedarse solo con su ansiedad. Sus pensamientos fácilmente escalarán al peor escenario posible. Un amigo mío de negocios no les diría esto a sus amistades, pero a mí me comentó: «Primero, tengo un problema. Luego mi ansiedad me gana, entonces me la guardó para mis adentros y pronto es una crisis. Luego, cuando la ansiedad está a toda marcha, todavía sigo solo, y me imagino que mi familia y yo pronto estaremos viviendo en algún cuartucho de hotel, comiendo junto a una pequeña estufa».

En tanto que algunos en efecto sufren ese desdichado giro de los acontecimientos y necesitan nuestra compasión

---

El temor compartido con otros siempre se reduce. El temor que usted lleva solo, crecerá.

---

y ayuda, la mayoría de las personas no. En realidad, este amigo era un profesional de buen carácter, muy competente e inteligente. Al momento de escribir esto había tenido que reducir un poco sus gastos, pero no estaba ni siquiera cerca de donde la ansiedad le decía que iba a estar. Es más, yo había trabajado con él y lo había animado a que les contara a otros cómo se sentía antes de que su ansiedad se volviera demasiado intensa.

Esta práctica de compartir las cosas con unas cuantas personas seguras es simplemente una cuestión de ser oído y entendido. En psicología, se le llama *contener*, una palabra que simplemente significa tener a unas pocas personas buenas que escuchan su temor y ansiedad, sin ningún barniz ni nada de edición o preocupación por la corrección política. Estas personas «contienen» sus ansiedades, y su presencia junto a usted le hacen saber que no está solo. ¿Alguna vez ha descargado sus preocupaciones en un

momento de debilidad sobre alguien que tuvo la capacidad de escuchar bien, sin dar consejos, y sin embargo hizo que se sintiera mejor? Esa persona lo «contuvo», y el temor compartido con otros siempre se reduce. El temor que usted lleva solo, crecerá. Utilice esas personas apropiadas de que hablamos en el Paso 2. Se alegrarán de escucharlo y contener su temor.

3. Añada estructura. A lo mejor se sorprende, pero un horario predecible y un ritmo regular para sus días —incluyendo el trabajo, ejercicios, actividades recreativas y comidas con los amigos— puede hacer mucho para reducir la ansiedad. La estructura reduce grandemente la ansiedad, ya que esta última se arraiga en el sentimiento de que hemos perdido el control. La ansiedad crece cuando nos sentimos impotentes y pensamos que no tenemos alternativa. En casos severos, los que sienten que no les queda ninguna opción entran en una modalidad de pánico muy perturbadora. Sin embargo, cuando usted añade estructura, le da a su vida una cierta normalidad y puede manejar las opciones y el control que sí tiene. Cuando sabe que irá a trabajar, asistirá a algunas reuniones y hará llamadas específicas en momentos determinados su sentimiento de que no es impotente, crecerá. Y en su situación particular del problema, el plan que prepara para resolver tal dificultad también reducirá su ansiedad.

Como ya mencioné antes, el temor nos reduce a pensar

de manera impulsiva y superficial. Por ejemplo, trabajé con una mujer muy profesional que tenía como jefe a un vicepresidente bastante tóxico. Este hombre era impositivo y dado a la crítica. Teniendo miedo de su ira y desdén, ella simplemente lo evitaba para sobrevivir. Estaba lista para abandonar la empresa incluso sin ningún tipo de indemnización laboral, ya que interactuar con él resultaba muy incómodo. Le dije: «La realidad es que este es un buen trabajo para ti aun con esta persona en la empresa. Trabajemos para añadir algunas estructuras a lo que ya estás haciendo. Veamos si puedes mejorar el lugar de trabajo

Solucionar su problema sin duda exigirá que cambie su horario y las maneras en que invierte su tiempo. Sin embargo, al adaptarse conserva la energía.

para ti misma en lugar de dejarlo debido a que tienes miedo de ese sujeto». Para empezar, estudiamos juntos cuáles eran sus temores ante la confrontación, realizamos una serie de capacitaciones a fin de prepararla para confrontar a un superior, averiguamos el debido proceso de diligencia

en la compañía si él no respondía, ella aprendió a dejar un registro por escrito en caso de que tuviera que acudir a su superior, y otras cosas por el estilo. Conforme mi amiga daba estos pasos, su ansiedad se redujo: la estructura le dio un sentido de control.

4. Adáptese a la realidad. Solucionar su problema sin duda exigirá que cambie su horario y las maneras en que invierte su tiempo. Este proceso —llamado adaptación— significa no pelear contra los cambios, sino ajustarse a los mismos aunque hacerlo resulte incómodo. Sin embargo, al adaptarse conserva la energía.

Piense que la realidad es un río y usted es una canoa. No reme contra la corriente, sino imagine una manera de navegar en la que no luche contra el torrente, sino que más bien use su poder.

Consideremos este ejemplo. Teniendo hijos que pronto entrarán en la fuerza laboral, siempre me disgusta cuando los reporteros afirman: «Las cosas se ven negras para la próxima generación. No tendrán tanto éxito como sus padres». Los jóvenes simplemente no necesitan que se les desanime en sus ambiciones y expectativas de logros durante esta etapa de desarrollo en la vida. Así que, siempre que el tema surge, les digo: «¿Saben lo que esto significa para ustedes? Significa menos competencia en la cumbre. ¡Adelante!». Ahora cuando ellos consideran su futuro económico, espero que esta perspectiva sobre la adaptación los ayude a permanecer motivados en lugar de verse tentados a conformarse con el estatus quo.

Para concluir, quiero presentarle el reto de que sea intencional en cuanto a derrotar su temor. Dese cuenta de que este sentimiento está presente en todos nosotros. Solo los que lo niegan, o son realmente necios, no sienten ansiedad. Así que tenga presente su temor y resuélvalo. Esto lo liberará para dar el próximo paso a fin de solucionar su problema.

PASO 5:

Controle lo que posee

*La acción no brota del pensamiento, sino
de estar listo para la responsabilidad.*
—*Dietrich Bonhoeffer*

Me encontraba ayudando a una mujer cuyo matrimonio estaba al borde del fracaso. Todavía no habían decidido divorciarse, pero la situación era seria. Ella y su esposo tenían algunas diferencias básicas de personalidad, y el antagonismo iba creciendo. La esposa lo veía muy desatento y distante; él la consideraba hostigosa y criticona. Ella estaba más interesada que él en trabajar con alguien para mejorar la relación personal. El esposo simplemente quería desconectarse y evadir las cuestiones. Aunque siempre es mejor reunirse con ambos cónyuges, trabajamos con lo que teníamos, que era solo la esposa. El problema era que no podía conseguir que esta mujer se enfocara en las cosas que ella podía controlar para mejorar la relación. Estaba tan enfadada y dolida por las acciones de su marido, que de lo único que hablaba era de él.

—Así que, hablemos de tus alternativas.

—¿Cómo puedo lograr que él deje de aplicarme la ley del hielo y no esté afuera tanto tiempo?

—Pues bien, quiero que examinemos qué elecciones puedes hacer.

—¿Qué se necesita para lograr que él se componga?

—Sé que esto es en realidad una situación difícil. Veamos tus opciones.

—¿Qué puedo decirle para lograr que me ame y que quiera resolver esta situación.

Sabía que necesitaba utilizar una táctica diferente. Así que le dije:

—Lo que estás haciendo no está resultando. Necesitamos dedicar tiempo para que proceses tu dolor y tus heridas, y pasar a las soluciones más tarde, o podemos imaginarnos una manera para que esa parte sea tratada en tu grupo de respaldo, de modo que puedas recibir su cariño y atención. O simplemente podemos esforzarnos más para concentrarnos en las soluciones ahora. Entiendo perfectamente que necesitas dejar que tu dolor salga, porque tu vida se ha visto trastornada. No obstante, quiero ayudarte hoy a que avances algo en la solución de problemas, y no creo que puedas pensar que tendremos un plan para el momento en que esta sesión se acabe. Tú me dices lo que es mejor para ti.

Ella se quedó callada por un minuto y luego murmuró:

—Esto es lo que siempre sucede...

—¿Qué es lo que sucede?

—Nunca paso de este punto con cualquiera que esté hablando. Simplemente repito y repito lo que él ha estado haciendo y cómo quiero que cambie. Tengo que avanzar más allá de esto.

Ella tenía razón, y fue una noción valiosa la que aprendió. Mientras hablábamos, se dio cuenta de que estaba tratando de controlar algo que no estaba bajo su control. Ese algo era la conducta de su esposo, incluyendo las decisiones y actitudes de él. Sin embargo, nadie puede controlar la conducta de otra persona. Podemos tratar de influir en nuestros seres queridos. Podemos hablar con ellos. Podemos mostrarnos vulnerables ante ellos. Y podemos fijar límites y márgenes con ellos a fin de que se vean obligados a enfrentar la realidad de sus acciones. No obstante, en última instancia, *desperdiciamos preciosos recursos para solucionar problemas cuando tratamos de cambiar o controlar a otra persona.*

Esta perspectiva cambió la dirección de la misión de mi amiga para resolver el problema. Ella dejó a un lado lo que no tenía ni el poder ni el derecho de controlar y se concentró en lo que sí podía controlar. Se hizo cargo de lo que era suyo, lo que «poseía», por así decirlo. Tomó el control de lo que estaba dentro de su piel, que es básicamente lo que cualquiera de nosotros tiene bajo su control. Este cambio de enfoque no fue ni rápido ni fácil para ella, pero perseveró. Se esforzó duro en lo que podía controlar, y más adelante él la acompañó a las sesiones de asesoramiento. Con el tiempo empezaron a reconectarse, algo que pienso que eso nunca hubiera sucedido si ella no hubiera empezado a enfocarse en lo que sí podía controlar.

Este principio se aplica no solo al matrimonio, sino a cualquier problema en la vida. Usted no puede controlar la desaceleración económica, la gente desquiciada, la existencia de la muerte, el mercado o el clima. Sin embargo, tiene que resolver problemas en la vida aun cuando hay piezas en el tablero de ajedrez que no le corresponde mover. Así que veamos lo que sí posee y puede controlar. Quedará agradablemente sorprendido por todo el progreso que puede hacer *aun cuando no esté a cargo de todas las piezas en movimiento.*

Siempre me gusta recordarme a mí mismo que mis hijos, al borde de la edad adulta, han llegado hasta este punto razonablemente intactos. Son buenas personas, me gusta lo que están decidiendo ser, y espero representar menos la autoridad para ellos y convertirme en un mejor amigo conforme se vuelven más autónomos. Mi esposa y yo hemos sido unos padres dedicados, e hicimos lo que la mayoría de los progenitores hacen para mantener el barco flote. Sin embargo, siempre me asombra cuántas cosas no controlamos durante todos esos años en que ellos crecían: todas las veces que estuvieron fuera de nuestra vista, tomando sus propias decisiones; las cuestiones médicas y de salud que no podíamos dominar; la influencia de la cultura en ellos; lo que los amigos les decían cuando nosotros no estábamos cerca; y en última instancia, sus propios pensamientos, valores y acciones. Asusta pensar en todo lo que no controlábamos ni aún controlamos, pero tratar de tener el control de lo que no era nuestro nos hubiera enloquecido, para empezar.

Así que, veamos lo que cada uno de nosotros en efecto posee.

QUÉ ES SUYO

Puesto que el propósito de este libro es solucionar problemas, quiero enfocarme en las cosas que están bajo su control y usar lo que le ayudará a hacer precisamente eso. He aquí algunas cosas que le pertenecen, cosas que en verdad son suyas y puede controlar.

Su corazón: Esta es la parte más profunda de una persona, de cualquiera de nosotros. Es la esencia de quién usted es. Abarca su vida interior, sus pensamientos, sus secretos y sus sentimientos. Nadie excepto usted mismo puede poseer su corazón. Como dice el proverbio: «Por sobre todas las cosas cuida tu corazón, porque de él mana la vida»[1]. ¿Por qué importa esto? Porque hallo que muchas personas marginan sus corazones cuando enfrentan un problema. Se preocupan y tratan de controlar cualquier cosa excepto lo que tienen dentro. Y al hacerlo, reniegan de sí mismos y, en última instancia, de su corazón. Usted puede resolver un problema sin tener en cuenta a su corazón, pero se arriesga a resolver el problema errado.

Considere la historia de un hombre cuya experiencia incluía una adicción a la cocaína. Como es a menudo el caso, él lo negaba, sin considerar a la cocaína un problema. Puesto que no veía su problema, nada cambiaba. Sin embargo, su esposa consideraba su adicción un problema serio. Odiaba que él se drogara y detestaba lo que eso le estaba haciendo a su vida como pareja. No obstante, ella no era la adicta, así que no podía enviarse a sí misma a rehabilitación. Lo que sí le era posible hacer, e hizo, fue decirle: «Te amo con todo mi corazón, pero me aterra tu uso de drogas. Me está destrozando a mí y a nuestra relación. Me siento sola y abandonada en este matrimonio, y echo de menos lo que solía ser. Si escoges ir a rehabilitación, te respaldaré, pero hasta entonces, aunque te amo, no voy a vivir contigo. Así que debes irte y no tener contacto conmigo hasta que busques ayuda».

¿Ve usted cómo ella estaba en contacto con su corazón? Fue vulnerable y amorosa al hablar con su esposo, pero le dijo que no soportaría su adicción a las drogas. Fue un ejemplo de gracia y verdad, todo proveniente de su corazón. El hombre me comentó que sabía que ella lo

---

Usted puede resolver un problema
sin tener en cuenta a su corazón,
pero se arriesga a resolver
el problema errado.

---

decía en serio, así que evitó la parte de mudarse y buscó ayuda de inmediato.

El punto es que cuando usted va a solucionar un problema, debe empezar con su corazón. Tal vez se equivoque, pero es mejor equivocarse que ignorar quién es al intentar solucionar sus dificultades.

Sus valores: Las verdades fundamentales sobre las que basa su vida son sus valores. Estas realidades supremas sirven como ancla para sus decisiones y conductas a la hora de solucionar los problemas. Así que piense a cabalidad y sepa cuáles son sus valores. Estos son algunos ejemplos:

- Dios y sus caminos le dan propósito a mi vida y guían mi sendero.

- Las relaciones personales son primordiales en la clase de vida que quiero vivir.
- La honradez y santidad no son negociables.
- Les concedo a otros la libertad para que lleven su propia vida, desempeñen su profesión y tomen decisiones relacionales, y quiero esa misma libertad para mí.
- Tengo en la vida una misión dada por Dios, y por su gracia voy a cumplirla.
- Los errores y el fracaso son de esperarse, y el perdón de otros y de mí mismo será mi respuesta.

En mi trabajo de dirección y consultoría he visto que a veces un problema se resuelve simplemente filtrándolo por los valores de la compañía, por así decirlo. Hay decisiones que usted sabe desde el principio que tomará o no debido a que sus valores han hecho esas decisiones por usted. Por ejemplo, conozco a un hombre cuya prometida siempre estaba coqueteando. Cuando él estaba con ella, les decía cosas inapropiadas a otros hombres y afirmaba que no veía nada de malo en eso. Su conducta lastimaba los sentimientos de mi amigo y le molestaba. Se halló preguntándose si podía confiar en ella. Cuando hablamos al respecto, me dijo: «Ya sé lo que voy a hacer. Yo también voy a empezar a coquetear para que ella vea lo que se siente». Aunque entendí la idea, tuve que decirle: «Piénsalo. Tú valoras la fidelidad y la seguridad en tu vida, tus relaciones personales y tu profesión. No pienso que quieras seguir adelante con esa solución». Él pensó al respecto y luego me comentó: «¿En qué estaba pensando? Es mejor que busque otra manera». Simplemente recordarle sus valores lo ayudó a aclarar lo que quería y no quería hacer para solucionar su problema.

Sus alternativas: En última instancia, sus opciones y decisiones son de su propiedad. No puede hacer que alguien a quien «simplemente no le gusta» se enamore de

---

¡Usted solo puede escoger por sí mismo, y una clase de opción es cómo va a responder a lo que no escogió!

---

usted. No puede obligar a la compañía a que reconsidere su despido. No puede hacer que el banco recapacite en cuanto a la solicitud de préstamo. No puede decidir por sus hijos que recogerán lo que desordenan. ¡Usted solo puede escoger por sí mismo, y una clase de opción es cómo va a responder a lo que no escogió! De cierta manera, esta verdad puede ser desalentadora. A menudo pensamos: *¿Por* *qué las «personas problemas» simplemente no ven la situación de modo correcto y la resuelven? ¿Acaso no reconocen que están tomando malas decisiones?* Y entonces planeamos maneras de ayudarlas a ver que nuestro consejo para ellas es el adecuado. La mayor parte de esta actividad está condenada al fracaso, porque las llamadas personas problemas reciben nuestras palabras de aliento como hostigamiento en lugar de un buen consejo, o como manipulación en lugar de una estrategia útil y cariñosa. Estos individuos invariablemente se empecinarán, tal como usted y yo tal vez lo haríamos. Ninguno de nosotros responde bien a alguien que parece una figura paternal, echando al traste nuestras propias alternativas y libertades.

Así que recuerde esto cuando esté enfrentando su problema: si está dedicando más su energía a lo que la persona problema está haciendo (como lo estaba haciendo mi amiga en el mal matrimonio), se encuentra fuera de equilibrio. El grueso de su energía necesita concentrarse en usted: en cómo tal vez esté contribuyendo a la situación o la conducta de la persona problema; en cómo puede tener una buena vida con una persona insalubre; en cómo puede responder a las palabras, acciones y actitudes de esa persona de la mejor manera posibles; y en cómo puede impedir que el problema le arrebate su felicidad.

Dicho eso, una buena forma de apropiarse de sus alternativas y escoger solo por sí mismo es entonces no desperdiciar nunca la energía tratando de controlar a otro o escoger por él. Más bien, concéntrese en sus opciones y decisiones. Hacerlo así puede ser un movimiento significativamente efectivo para resolver el problema que necesita solucionar. En lugar de sentirse impotente e inútil intentando hacer que alguien «lo comprenda» (y la realidad es que usted es impotente e inútil para lograr que eso suceda), puede experimentar un sentimiento de control e incluso de éxito a partir de las decisiones correctas que usted toma por sí mismo.

Ahora consideremos las situaciones antes mencionadas y proveamos una perspectiva de «su elección» para ellas:

- *A él simplemente no le gusto y tengo que cambiar eso.* Voy a aceptar que él no siente nada por mí y buscar a alguien a quien sí le guste.

- *La compañía tiene que reconsiderar mi despido.* Voy a presentar las mejores razones que puedo para seguir en mi cargo y a esforzarme por buscar empleo en otras partes. No voy a quemar los puentes con mi expatrono e inclusive tal vez también le pida ayuda y una recomendación.

- *El banco no entiende que califico para el préstamo.* Siempre que pienso en mi estado financiero, tengo que aceptar que este banco lo ve de manera diferente. Así que voy a ir a otras entidades crediticias a fin de encontrar otras fuentes de dinero.

• *Mis hijos necesitan ser considerados y recoger lo que desordenan.* En tanto que no puedo obligar a mis hijos a que hagan esto, ¡sí tengo algo de influencia aquí! Puedo escoger privarlos de sus privilegios hasta que cumplan con sus responsabilidades.

En cada caso, note que cuando se enfoca en sus opciones, tiene que dejar algo. Ese algo es el deseo de arreglar, controlar, rescatar, fomentar o escoger por otro. Renunciar no es necesariamente fácil o divertido, pero hacerlo liberará su energía y enfoque, alejándolo de algo que no puede controlar y dirigiéndolo a su propia vida, que usted sí puede controlar. Deje de tratar de controlar y tomar decisiones por otros. Más bien, escoja solo elegir por sí mismo.

Su tiempo: El tiempo tal vez sea uno de los recursos más finitos que tenemos. No quiero ser negativo, pero todos vamos a morir antes de que cumplamos los ciento treinta años o algo así. Usted puede hacer amigos toda su vida, tiene muchas alternativas por delante, y su fortuna puede crecer o menguar, pero no puede cambiar el tiempo. Me encantaría añadir unos cuantos cientos de años a mi porción de tiempo, porque entonces podría desarrollar algunos de mi proyecto de largo alcance. Sin embargo, la adición de ese par de siglos extras no sucederá. Será mejor que lo aceptemos y no nos preocupemos al respecto, puesto que como Jesús dijo: «¿Quién de ustedes, por mucho que se preocupe, puede añadir una sola hora al curso de su vida?»[2]. Así que sea consciente de que el tiempo es precioso y muéstrese cuidadoso con respecto a cuánto tiempo le lleva resolver su problema.

Todos tenemos la tendencia a cometer dos errores con el tiempo. Primero, caemos en la trampa de pensar que tenemos por delante más tiempo del que necesitamos. Cuando hay un problema que atender y que incluye sangre, sudor, lágrimas y esfuerzo real, a menudo pensamos: «Me ocuparé de ello tan pronto como organice los archivos del disco duro. Entonces estaré listo para la acción». Esa noción exageradamente optimista se arraiga en la evasión. Dese cuenta de que tiene un tiempo limitado en esta tierra y por consiguiente una oportunidad limitada de atender su problema, y usted no quiere que esa oportunidad se acabe antes de que su problema se resuelva.

La segunda equivocación que cometemos es pensar: «¡No tengo tiempo! Tengo demasiadas exigencias». Esta es una preocupación común para cualquier ser humano que respira, y en realidad tal vez haya demasiadas exigencias sobre usted. Sin embargo, haga esto: tome su agenda y con alguien que le quiera y sea sincero, revise el calendario de las dos semanas pasadas. Puede en verdad sorprenderse cuando halle algunas horas que no organizó bien, o con mayor probabilidad sacrificó en el altar de contentar a alguien, una persona que simplemente se las arreglaría bien sin usted. Arregle esos dos errores y tendrá más control de su tiempo.

Nosotros, los seres humanos, somos maniáticos del control por naturaleza, y ese ha sido el caso desde el principio. Vemos el deseo de estar a cargo y tomar nuestras propias decisiones en el mismo huerto del Edén, cuando Dios quiso mostrarles a Adán y Eva de cuál árbol deberían comer. Sin embargo, mientras más usted cede lo que no es suyo, más libremente puede avanzar hacia lo que es en verdad le pertenece.

PASO 6:

Prepare un plan a fin
de aprobar o fallar

No existe cosa tal como la suerte. Hay solo
preparación adecuada o inadecuada para
vérselas con un universo estadístico.
—Robert Heinlein

Hay quienes, al enfrentar un problema en la vida, hacen
un buen trabajo para investigar, pensar de forma creativa,
y debatir ideas con sus amigos. Simplemente atravesar ese
proceso producirá soluciones para ellos con un cierto grado de éxito. Luego están los que además de hacer esas tres
cosas preparan un plan. En mi experiencia, este segundo
grupo tendrá un grado considerablemente más alto de éxito en la solución de sus problemas. Un plan específico lo
llevará mucho más lejos en el camino hacia una solución.

Si usted es como yo, este es el capítulo que con mayor probabilidad se saltará. Tal vez ha leído muchos artículos o libros sobre cómo preparar un plan factible para ayudarle a fijar y alcanzar sus metas[1]. Tal vez esté familiarizado con todos los productos útiles y programas de software que lo llevan con éxito a trazar un plan a fin de avanzar hasta donde quiere llegar en la vida. Tal vez incluso tenga experiencia profesional para trazar planes de negocios o financieros. Nada de eso importa, porque este capítulo no repite ninguna de esas cosas. Más bien, hallará un marco de trabajo no solo para lidiar con las realidades psicológicas de trazar un plan, sino para en realidad elaborar su propio plan efectivo y beneficioso a fin de solucionar problemas.

APROBAR O FALLAR

Básicamente, usted tiene que preparar un plan y ponerlo por escrito porque es la manera de mantenerse enfocado en los pasos específicos que lo ayudarán a resolver su problema. Yo le llamo a esto el método de *aprobar o fallar*. Cuando usted sabe qué pasos de acción dar, cuando los ha puesto por escrito en un documento, su computadora o un cuaderno, y cuando entiende que tiene que dar esos pasos en cierto tiempo, ha pasado a formar parte de este sistema de aprobar o fallar. Dicho simplemente, o bien usted da un paso para cierta fecha, o no lo da. Usted aprueba si realiza la acción, y falla si no la lleva a cabo. Utilizar este método conciso y directo no implica ser reaccionario o rígido. No significa avergonzar, condenar, o ser legalista. Este método de aprobar o fallar es un medio de alinearse con la realidad. Es como trazar una línea en la arena a fin de que usted mismo pueda monitorear su progreso, rendir cuentas y tener la seguridad de saber que está dando los pasos de un plan factible. Los tipos creativos como los artistas, músicos y escritores tienen fechas límites de algún tipo, y muchos establecen fechas límites progresivas para sí mismos a fin de poder llevar a cabo su arte por etapas. El método de aprobar o fallar es tanto amigo suyo como de ellos. Sin él, nunca sabrá cuánto ha avanzado o si todavía está en la ruta. En realidad, considero que la falta de un plan nos lleva a fallar, porque casi nunca resulta.

LOS ELEMENTOS

La mayoría de los planes para solucionar problemas tienen cinco elementos universales que sirven para cualquier situación. Los menciono a continuación, conduciéndolo a fin de explicarlos a través de la experiencia de un hombre que tuvo un problema común.

Gene, experto en software a sus treinta y tantos, ha sido despedido. Él y su esposa, Donna, tienen dos hijos pequeños y una hipoteca. Donna trabaja parte del tiempo como maestra. La pareja cuenta con la indemnización por despido de Gene y suficiente liquidez para seis meses. Poseen algunas inversiones a largo plazo que no quieren tocar a menos que sea imprescindible. Así que, con fondos disponibles para medio año, califican: definitivamente tienen un problema.

Digamos que Gene y Donna han recorrido el resto de los pasos del libro: le han prestado atención a sus sentimientos, están conectados con unas cuantas personas buenas, conocen la naturaleza del problema, ya superaron el temor, y entienden qué pueden controlar y qué no. Así que están listos para el Paso 6.

Fije la meta. El Paso 3 habla de enunciar cuál es el problema y expresar lo que usted quiere. Recuerde que su problema es algo que representa un obstáculo para usted, algo que se interpone en su capacidad para satisfacer un deseo que le importa. Así que mirando hacia atrás al deseo según lo expresó en el Paso 3, indique su meta de una manera que sea a la vez significativa y medible.

Para Gene y Donna, una meta razonable sería: *Dentro de seis meses queremos estar generando un ingreso de $X.XXX al mes para satisfacer nuestras necesidades a corto y largo plazo.* Eso es algo sencillo, claro, y del tipo aprobar o fallar por naturaleza. Es una meta a la cual pueden apuntar y ver si están haciendo progresos. Suena como un enunciado obvio, porque lo es, pero no se pierda el punto. Exige esfuerzo indicar una meta medible, establecer un marco de tiempo y fijar una fecha límite, y a veces simplemente no llegamos a hacerlo. Piense del esfuerzo fallido para hacer ejercicio en el gimnasio con regularidad. Compare esa experiencia con la ocasión en que en realidad escribió «De aquí a tres meses quiero pesar XX kilos y poder

---

Exige esfuerzo indicar una meta medible,
establecer un marco de tiempo
y fijar una fecha límite.

---

hacer ejercicios cardiovasculares durante cuarenta y cinco minutos sin colapsar». El camino al fracaso está pavimentado con buenas intenciones.

Considere las opciones de forma creativa. Este es el momento de concebir múltiples ideas al preparar su plan. Todas las ideas son bien recibidas, y mientras más creativas, mejor.

A menudo uso un pliego de papel a fin de que las personas puedan ver el espacio en blanco y luego llenarlo con sus ideas. Mientras menos atiborrada esté la página al empezar, más soluciones hallará. Y asegúrese de refrenarse con respecto a dos asuntos durante esta fase. Primero, no piense todavía en cuán realista es la idea. El contador público certificado interno que todos tenemos debe esperar su turno en la fila hasta que la fase de considerar opciones se acabe. De otra manera, la creatividad se reducirá e incluso se desalentará. Segundo, no se pregunte a sí mismo: «¿Qué están haciendo otros que se hallan en mi posición?». Haga eso más tarde, pero no ahora. ¿Por qué? Porque hacer lo que otros están haciendo alimenta su deseo de una respuesta rápida a fin de dejar atrás el asunto.

A menos que se halle en un coche atascado en una vía férrea y el tren se acerque, dedíquese un tiempo a considerar el problema como una oportunidad para en realidad acabar mejor de lo que antes estaba. No se cohíba de ese pensamiento. Es algo que sucede todo el tiempo. Conozco a muchos que resolvieron su problema de tal manera, que se encontraron en una situación mucho mejor de la disfrutaban antes de que surgiera el asunto. Así que en lugar de ser práctico, siga adelante con «¿Cuál es una manera que no hemos tenido en cuenta de conseguir el ingreso?».

En este punto, Gene y Donna consideran muchas opciones. Llaman a sus amigos, solicitan ideas y aceptan sugerencias. Ninguna idea es demasiado irreal. Al final, las mejores son:

- Realizar una incansable búsqueda de empleo en el mismo campo en otras empresas.

- Hallar un trabajo temporal que provea ingresos mientras Gene anda buscando.
- Capacitarse para una carrera profesional diferente.
- Establecer un negocio pequeño (una especie de boutique) que puedan administrar juntos.
- Que Donna pase de trabajar parte del tiempo a obtener un empleo a tiempo completo.
- Vender la casa y reducirse para vivir más modestamente.
- Mudarse a una parte menos costosa del país.

Tome una decisión. Este paso no ofrece garantía de que sucederá de forma automática. Usted debe ser intencional en cuanto a fijarse a sí mismo una fecha límite para tomar una decisión. Si no, corre varios riesgos:

- El riesgo de la *investigación infinita,* es decir, buscar constantemente la próxima idea que resulte, una búsqueda que puede continuar para siempre.
- El riesgo del *idealismo,* que tiene que ver con el temor a dar el paso equivocado y no hallar la respuesta «correcta».
- El riesgo de *anestesiar la situación* con la concepción de ideas. Aquí la persona se siente tan aliviada por haber hecho algo y concebir algunas ideas, que pierde la ansiedad saludable que necesita a fin de avanzar,

de modo que el proceso se atasca. Es algo así como: «Empecé a hacer ejercicios después de dos años de inactividad, así que voy a premiarme con una malteada».

Aunque no esté ciento por ciento seguro de que su plan resultará, tome la decisión mejor y más inteligente, acompañada de mucha oración. Además, un plan ciento por ciento seguro no existe de todas maneras, así que escoja algo que resulte del buen pensamiento y la deliberación cuidadosa.

Digamos que Gene y Donna optan por la primera alternativa de su lista y escogen dedicar sus recursos a ayudar a Gene a continuar en el mismo sector. El software no va a desaparecer, Gene es muy competente y le gusta el trabajo. Así que ahora se han comprometido con un plan, el cual viene con el riesgo de no hallar lo que quieren. Sin embargo, no es un riesgo impulsivo, sino que se trata de un riesgo calculado.

Prepare una estrategia. Preparamos una estrategia simplemente al establecer los pasos que necesitamos para llegar a donde queremos ir. Siendo por naturaleza del tipo aprobar o fallar, la estrategia divide la meta en objetivos más pequeños que le hacen más fácil continuar con su vida y sin embargo saber que está avanzando constantemente hacia la solución de su problema.

No obstante, en este paso de producir una estrategia es donde muchos tienen problemas para preparar un plan factible. Si usted es del tipo visionario, alguien en quien predomina el hemisferio derecho del cerebro, una persona a la que le encanta vivir el momento y no fastidiarse con los detalles, o si se siente constreñido por las tareas diarias o semanales, necesita esforzarse algo aquí. Este elemento en realidad no es opcional si usted quiere en serio solucionar un problema, ya sea que se trate de un asunto de familia, financiero, emocional o relacional. No obstante, si es un planificador estratégico por naturaleza, sabe qué hacer y probablemente no tendrá ningún problema.

Cuando usted empieza a trabajar en su estrategia —y existen muchos enfoques— lo básico es distribuir sus recursos (¿cuánto tiempo, atención y dinero puede dedicar a la estrategia?) y bosquejar acciones que le llevarán al éxito. La mayoría de las personas necesita por lo menos llevar a cabo una acción por semana, y probablemente varias, para lograr un progreso significativo.

Al lidiar con problemas personales o relacionales, algunos rechazan el pensamiento estratégico. Nos parece impersonal y nos preguntamos: *¿Cómo puedo elaborar una estrategia para el amor?* Tiene razón, no puede. No obstante, puede preparar una estrategia para realizar acciones que produzcan el fruto del amor. Por eso las parejas planean salidas por las noches y no se limitan a esperar a que la ocasión parezca propicia. Por eso los que quieren acercarse más a Dios van a la iglesia, buscan tiempo durante el día para orar y no esperan para adorar hasta que sientan ganas. Estas acciones que usted planea no gobiernan su vida ni lo hacen un autómata. Todavía tiene amplio espacio para ser espontáneo, emocional y vivo en el momento. Sin embargo, si tiene un problema, no lo resolverá con espontaneidad y emoción. Programe el tiempo para trabajar en la resolución del asunto.

El otro inconveniente que debe tener presente es la *desilusión*, una especie de sentimiento de desaliento del tipo: «¿Es esto todo lo que hay?». Tal desilusión proviene de esa parte de todos nosotros que se dedica al pensamiento ilusorio. Empieza cuando somos niños, siendo evidente en nuestra atracción por los milagros y las experiencias que nos dejan boquiabiertos, estimulan nuestros corazones y reafirman nuestra fe en Dios y las personas. Queremos: un cheque que llegue por correo... una persona de quien nos hemos alejado que diga que nos echa de menos y quisiera reconectarse... una vacante de empleo que aparezca de la nada. Estas cosas en efecto suceden de tiempo en tiempo, pero no son la norma. Sin embargo, considere el tipo de magia que abunda en el mundo de Dios hoy: el nacimiento de un niño; un tiempo profundo y hondamente conmovedor con el Señor; un amigo que llama y dice: «Estaba pensando en ti»; una propuesta matrimonial; un milagro médico. Tales historias —experiencias verdaderas como estas— nos ayudan a seguir avanzando en la vida.

Si tiene un problema, no lo resolverá con
espontaneidad y emoción. Programe
el tiempo para trabajar en la
resolución del asunto.

Y por supuesto, no piense en la estrategia de la misma manera en que pensamos en el tipo de magia de Dios. *Tuve una reunión estratégica mágica y milagrosa en mi trabajo* suena como algo que no tiene sentido. No obstante, la estrategia en verdad resulta milagrosa, y hay que apreciarla y abrazarla como el don y la herramienta que es. Siempre acudo a la parábola de Jesús sobre la semilla que crece para observar un ejemplo de una de las estrategias milagrosas de Dios:

> El reino de Dios se parece a quien esparce semilla en la tierra. Sin que éste sepa cómo, y ya sea que duerma o esté despierto, día y noche brota y crece la

semilla. La tierra da fruto por sí sola;
primero el tallo, luego la espiga, y después el grano lleno en la espiga. Tan
pronto como el grano está maduro, se le
mete la hoz, pues ha llegado el tiempo
de la cosecha[2].

La idea de esta parábola es que el *cambio tiene lugar con el tiempo y es a menudo invisible.* Cuando Dios quiere que algo bueno nos suceda, nosotros hacemos nuestra parte: trazamos nuestro plan, enfrentamos las cosas arduas y damos nuestros pasos. Entonces él hace su obra y, aunque no conocemos todo paso que acontece a nivel molecular, la cosecha llega. Considere la estrategia de esa manera. Poco a poco, paso a paso, su diligencia cada semana, cada día o cada hora para hacer las cosas debidas resultará en un milagro.

Volviendo ahora a Gene y Donna. En su situación, Gene dedica toda su energía y todo su tiempo a buscar un empleo. Desarrolla un plan multimodal que incluye reuniones personales, llamadas telefónicas a varios amigos y colegas, trabajar con una firma que busca ejecutivos, investigar en sitios de empleo en línea, y acceder a los medios sociales profesionales. Gene sabe cuántos contactos quiere hacer cada día. Sabe cuándo va tener su hoja de vida completa y lista para enviarla. Sabe que en treinta días debe comunicarse con sus principales contactos por segunda vez. La estrategia que Gene y Donna establecen no es simplemente un curso de acciones; es un curso de las acciones correctas. Y la suya también debe serlo.

PASO 7:

Haga lo correcto

Nunca confunda el movimiento con la acción.
—*Ernest Hemingway*

Hace poco enfrenté un problema con Casey, una de nuestras dos perras perdigueras labrador. Ella no quería venir a comer. Eso era muy raro, puesto que los labradores son adictos a la comida por naturaleza. Cuando las llamaba para comer, Heidi corría a su tazón, pero a Casey se no se le podía encontrar por ninguna parte. Finalmente lograba hallarla, la obligaba a venir a cenar, y entonces todo marchaba bien. No sabía qué era lo que pasaba. *¿Acaso se había cansado del mismo viejo régimen de comida? ¿Acaso no tenía interés en comer?* No podía imaginármelo.

La respuesta llegó cuando entré en la sala donde Casey dormía en el piso. La llamé y no se movió. En realidad,

Heidi, que estaba en otro cuarto, me escuchó y se acercó. Así que llamé a Casey con una voz significativamente más alta, y entonces ella dio un salto y se acercó a mí. Casey está perdiendo el oído, es triste decirlo. Así que en nuestra familia estamos todos ajustándonos a eso. Le hablamos un poco más alto y nos colocamos frente a ella a fin de permanecer dentro de su campo visual cuando queremos jugar o llevarla a dar una caminata. El apetito de Casey está bien. Tiene deseos de comer. Su problema no tiene nada que ver con la motivación o el menú, sino con otra cosa.

Casey fue diseñada para abalanzarse hacia su comida, actuar y «hacer» lo necesario para conseguirlo. No necesita una lección sobre la importancia de una buena dieta. Siente hambre, y resolver su problema de hambre es imperativo. Así que ella pone en acción su plan «Dame de comer»… a menos que un obstáculo, tal como el problema del oído, se interponga en su camino. Los seres humanos están diseñados de acuerdo al mismo principio: la acción sigue a algún motivador, ya sea que se trate de una necesidad, una pasión, un deseo, un dolor o un problema. Cuando tenemos una razón, debemos «hacer» lo que sea necesario. Cuando Dios creó a Adán y Eva, les dijo: «Sean fructíferos y multiplíquense; llenen la tierra y sométanla»[1]. Esto es, como diría un ingeniero, un rasgo de diseño. Nacemos para hacer, nacemos para actuar. Saltar de la cama por la mañana a fin de ir al trabajo a menudo nos resulta difícil, pero lo hacemos porque eso nos permite conseguir lo que necesitamos. No nos relacionamos simplemente con las personas; somos hacedores en la vida.

Por eso este capítulo se enfoca en llevar a cabo su plan, en actuar, porque es algo absolutamente necesario para conquistar nuestros problemas. Una abundante cantidad

---

Actuar es absolutamente
necesario para conquistar
nuestros problemas.

---

de literatura sobre la necesidad de actuar dice básicamente: «Si usted no está dando los pasos debidos, de seguro no quiere, o es holgazán, o no está esforzándose lo suficiente. Así que, levante las asentaderas y ponga en práctica su plan».

Esa es la suma y substancia de un mensaje diseñado a ayudar a las personas a ponerse en movimiento, y como director de negocios, sé que a veces no intentarlo con fuerza es en verdad el asunto que necesita considerarse. Ciertamente, cada uno de nosotros puede ser holgazán. Sin embargo, la mayoría de las veces he visto que «no tratar» es asunto menor, no algo serio. Si está lidiando con delincuentes juveniles reincidentes que participan en programas de ayuda social, rechazan toda autoridad y no tienen ninguna ética de trabajo, un gran porcentaje tal vez no esté esforzándose. No obstante, la mayoría de las personas que luchan con los problemas que estamos considerando en este libro están esforzándose duro y en efecto quieren cambiar.

Así que esta es una pauta para ayudarle a actuar: *Préstele tanta atención a eliminar sus obstáculos como a esforzarse duro, y triunfará en su plan.* Es decir, la fuerza de voluntad y el esfuerzo arduo son útiles, y todos necesitamos tener dominio propio y disciplina para perseverar en nuestros planes estratégicos. Por cierto, Malcom Gladwell, el conocido observador social, calcula que las personas ultraexitosas invierten diez mil horas en su arte antes de abrirse paso hacia el éxito en el mundo[2]. Sin embargo, la fuerza de voluntad y hacer el mayor esfuerzo no bastan. Simplemente piense en sus más recientes resoluciones de Año Nuevo, según las cuales se propuso ponerse en forma, perder peso, dejar de fumar, librarse de las deudas, o leer la Biblia todos los días. En el transcurso de su vida, ¿cuánto éxito ha tenido en mantener sus resoluciones? ¿Cuál es su tasa de éxito? Una investigación de FranklinCovey indica que no cumplimos el ocho por ciento de nuestras resoluciones de Año Nuevo, y un tercio de ellas ni siquiera duran hasta febrero[3].

Sin embargo, persistimos en el modo de pensar: «Simplemente necesito esforzarme más en mi problema». ¿Por qué? Pienso que se debe a que esto nos ayuda a creer, primero, que tenemos en la vida más control del que en verdad poseemos, y segundo, que requerimos menos ayuda de la que en realidad necesitamos. Es incómodo reconocer que no podemos hacer solos las cosas y que podemos tener dificultades. «Esforzarnos más» resulta mucho más sencillo. El problema radica en que nuestra fe viene solo cuando reconocemos la inutilidad de hacer un mayor esfuerzo. Experimentamos la gracia de Dios mediante la muerte de Jesús cuando somos capaces de admitir que no podemos salvarnos a nosotros mismos. «Porque por gracia ustedes han sido salvados mediante la fe; esto no procede de ustedes, sino que es el regalo de Dios, no por obras, para que nadie se jacte»[4]. Esforzarnos más duro no sirve para conectarnos con Dios, ni tampoco resulta a la hora de vivir la vida. Más bien, cuando la fuerza de voluntad y el mayor esfuerzo nos fallan, debemos pedir gracia, dirección y ayuda a fin de descubrir lo que nos mantiene atascados.

Así que este capítulo no es una arenga, aunque espero que lo estimule. Este capítulo tiene que ver con desarraigar los obstáculos. Cuando lidie con los siete obstáculos sobre los que he hablado aquí, será mucho más libre para poner en práctica su plan de modo que pueda solucionar su problema. Quite esos obstáculos del camino. Luego permita que su capacidad natural de «hacer las cosas bien» tome las riendas.

CUESTIONES DE VALORES

En primer lugar, sus valores tal vez estén tergiversados. Es decir, quizá usted no está asignándole a su problema el alto nivel de importancia que amerita. Cuando eso sucede, la vida y sus demandas toman las riendas y el plan para solucionar su problema queda sepultado bajo todo lo demás.

Los que no ven cuán importante
es su problema a menudo no se
han sentado y puesto por escrito
sus valores esenciales.

Mi experiencia es que la mayoría de las personas que no ven cuán importante es su problema a menudo no se han sentado e intencionalmente puesto por escrito sus valores esenciales, según expliqué en el Paso 5. Desean ser buenas personas y tener éxito en algo que valga la pena, pero no han preparado la lista. Los negocios, en especial en los últimos diez años, ahora mencionan la toma de decisiones basadas en valores como una clave para el éxito, pero extrañamente no siempre nos gusta vivir así en nuestras vidas personales.

Si usted estableciera sus valores básicos, tal vez descubriría que su problema en una relación personal, su empleo, su carrera, la crianza de los hijos, la familia o lo que sea es algo a lo que debe prestarle atención. Es decir, el problema tal vez esté interponiéndose en el camino del amor, una vida responsable, o una existencia vivida para Dios. Así que dedique un tiempo para hacer una lista de sus valores fundamentales. No darle a su problema una prioridad lo suficiente alta puede ser un gran obstáculo a la hora de resolverlo.

AISLAMIENTO

Un automóvil sin gasolina no saldrá del estacionamiento. Como dije en el Paso 2, usted es una persona relacional por diseño de Dios, lo cual quiere decir que las relaciones personales son el combustible de su vida. Es posible que simplemente esté desconectado de sus necesidades de respaldo, comprensión y aceptación. No es un problema pedir que alguien lo escuche y esté allí. El problema es actuar como si no lo necesitara.

Y luego está la cuestión de la energía. Los problemas nos agotan y consumen mucho nuestra energía, tal como un teléfono celular usa más el poder de su batería cuando usted habla que cuando no lo hace. De modo que, si tiene un problema, necesita más relaciones personales, no menos. Su dosis general de mantenimiento probablemente no será suficiente. En realidad, la escasez de relaciones personales tal vez le esté impidiendo empezar su plan o mantenerse firme en el mismo.

Cuando estoy escribiendo libros como este, mi familia y mis amigos siempre están disponibles para una conversación de cinco minutos acerca de cómo andan las cosas. De este modo puedo obtener su opinión sobre lo que he escrito, percibir que me aceptan cuando estoy desalentado y atrasado en el calendario, u oír su entusiasmo cuando les gusta algo que he escrito. Usted y su plan se pueden relacionar de la misma manera. En otras palabras, mire al aislamiento como un obstáculo... y supérelo.

FALTA DE ESTRUCTURA

He trabajado con muchas personas que han usado este sistema de siete pasos, personas que en realidad quieren resolver sus problemas, pero simplemente se atascan. Ellos dan los Pasos del 1 al 6. Tienen valores sólidos, se rodean de amigos excelentes y están motivados, no obstante, simplemente no persisten. Se recriminan a sí mismos y se llaman perdedores. A veces quieren que yo los censure también.

Sin embargo, nada logra desatascarlos; nada consigue que persistan. Este es a menudo un problema en la estructura, y no hablo de estructura en el sentido de organizarse personalmente. Esa clase de organización es resultado de la estructura, no la estructura misma. Más bien, defino la *estructura* como «la capacidad de dirigir los recursos de uno hacia una meta con el tiempo». La estructura es una capacidad que todos tenemos en cierto grado. Los niños de tres años tienen poca estructura, así que se frustran y desalientan con facilidad cuando el juguete no funciona como quieren. Se supone que los adultos deben tener más dominio propio a fin de poder ser pacientes, tolerar los reveses y la fatiga, y continuar un proyecto con el tiempo. No obstante, si usted tiene problemas de estructura, puede hallarse abrumado por la vida con mucha facilidad, desalentado rápidamente o distraído por las personas u otros problemas.

Si descubre que persistir en un plan no resulta para usted porque no tiene una estructura interna suficiente, le aseguro que esforzarse más solo hará que se sienta culpable y desesperanzado. Usted necesita una estructura externa para ayudarlo a desarrollar una estructura interna para sí mismo. Es decir, no puede producir una estructura dentro de su cerebro, así como tampoco puede jugar baloncesto como Kobe Bryant mañana. Simplemente eso no sucederá.

Tener un sistema de rendición de cuentas sin censura con unas pocas personas seguras que estén de su lado, que se hallen innegablemente de su parte, desarrolla la estructura. Explíqueles su plan y pídales que lo revisen en varios momentos para animarlo. Si esa frecuencia de verificación demuestra ser insuficiente, pídales que se pongan en contacto con usted más a menudo. Si eso no basta, establezca una consecuencia, como que si usted no hace su trabajo esta semana, tiene que pagarle la cena a alguien. He hecho todo esto para mejorar mi propia falta de estructura, y tales cosas me han ayudado mucho. ¡Solo asegúrese por completo de que no existe culpabilidad, vergüenza o condenación en sus relaciones personales, porque de lo contrario simplemente se hallará haciendo su mayor esfuerzo para esconderse de esas personas!

TEMOR

Como escribí en el Paso 4, el temor resulta paralizante y hay que eliminarlo. Ya sea que tema no hacer las cosas perfectamente, empeorar la situación o enfadar a alguien, enfóquese en el temor como un obstáculo. Mi experiencia es que mientras más se conecte a su temor en una relación personal, menos temor sentirá. Tal como una cucaracha se esconde de una luz brillante, al temor no le gusta la luz ni la exposición que tiene lugar cuando usted habla de él. Si, por ejemplo, su plan para solucionar el problema incluye una conversación difícil con una persona, lleve a cabo primero una representación teatral con alguien que finja ser ese individuo. Usted sentirá el temor y la ansiedad, se enfrentará a ellos, y saldrá al otro lado sabiendo que puede sobrevivir —y lo hará— a esa charla.

UNA POSICIÓN PASIVA

La pasividad es una actitud hacia la vida que dice: *Yo no le acontezco a la vida; la vida me acontece a mí.* La pasividad no significa holgazanería. Conozco a muchas personas que trabajan duro y no pueden resolver los problemas de la vida debido a que son pasivas por dentro. Si usted lucha con el hecho de ser pasivo, evadirá tomar la iniciativa, dar el primer paso. Por lo general, esperará que alguien o algo dé el primer paso para reaccionar en consecuencia.

A veces la pasividad se arraiga en el deseo: *Si soy amable, la gente será amable conmigo.* A veces el pensamiento es: *Parecerá egoísta pedir lo que quiero. Espero que alguien reconozca mis necesidades y las supla.* Estos deseos no se basan en la realidad, sino en experiencias de la infancia que no resultaron como deberían, así que quedamos atrapados en nuestros propios patrones inmaduros de pensamiento.

La realidad es que esa pasividad con frecuencia resulta en que usted se siente desdichado y temeroso, impidiéndole lograr lo que desea y necesita en la vida y el amor. Si estas palabras lo describen, pídales a algunas personas seguras que formen parte de su vida que lo ayuden a correr más riesgos y a hacer algo similar: cometer errores. Pídales a estas personas en las que confía que lo animen a decir que no, a expresar sus propias opiniones y sus sentimientos verdaderos, a ser más enérgico y espontáneo. Ejercicios como estos lo harán recorrer un gran trecho en el camino hacia ser la persona que da el primer paso.

UNA POSICIÓN DE PROTESTA

Si se halla debatiendo en cuanto a la justicia de su problema, tal vez esté atascado en una posición de protesta. Ese es otro asunto que mata el impulso cuando se trata de solucionar dificultades.

Una posición de protesta tiene lugar cuando no puede avanzar más allá de la realidad de que usted no causó el problema, sino que el mismo surgió debido a otra persona o alguna circunstancia fuera de su control. Los despidos, la pérdida de inversiones y un cónyuge infiel son cosas que involucran a personas ajenas a usted, y probablemente tuvo muy poco que ver en el asunto. Sin embargo, a menudo las personas ni siquiera llegan a la etapa de planificación en el Paso 6, ya que su mente sigue volviendo a: «¡No es justo!». A veces incluso la persona piensa: «No voy a resolver el problema mientras el culpable real no pida disculpas o haga restitución». Esa es una receta para una vida terrible. No se atasque en eso.

―――――――

Existe una gran diferencia entre una temporada de protesta y una identidad de protesta.

―――――――

La protesta en y por sí misma no es mala. Dios ama la justicia y detesta la injusticia tal como usted: «Tú no eres un Dios que se complazca en lo malo; a tu lado no tienen cabida los malvados»[5]. Es más, la protesta nos ayuda a levantarnos firmes contra la maldad, pero *existe una gran diferencia entre una temporada de protesta y una identidad de protesta.*

Una identidad de protesta tiene lugar cuando usted no puede dejar atrás cualquier cosa que fue injusta en su vida o el mundo, permitiendo que esa injusticia defina quién es. El antídoto para la identidad de protesta es el perdón y el procesamiento de la aflicción. Solo al llorar lo que usted no tiene y perdonar a los responsables puede oponerse a lo malo, cancelar la deuda, y ser libre para dar pasos de acción a fin de resolver el problema que tiene a mano.

UNA PROPORCIÓN INSALUBRE
DE DOLOR

A veces no avanzamos simplemente porque no sentimos suficiente incomodidad. Es decir, nuestra situación resulta tolerable; hemos aprendido a vivir con ella y a aguantar. Como Gumby, nos hemos acomodado alrededor del problema, como si fuéramos de caucho, y pensamos: «En realidad no es tan malo». Yo le llamo a esto una proporción insalubre de dolor.

Y me refiero a un viejo dicho: «Cambiamos cuando el dolor de no cambiar es mayor que el dolor de cambiar». Este es un dicho valioso, así que léalo de nuevo.

Aunque cambiar para evadir el dolor no es la más alta de las motivaciones, resulta real e importante. El cambio implica trabajo, como hemos visto en todo este libro. El trabajo involucra cosas nuevas, esfuerzo, incomodidad, y sí, cierta cantidad de dolor. Así que me dejo la camisa colgando por fuera cuando gano unos cuantos kilos. Ese es un ajuste que en realidad no duele. Sin embargo, cuando tengo que ir al almacén para comprar pantalones más grandes, eso exige tiempo, energía y el dolor de nuestra autoestima. Cuando aguantamos un matrimonio difícil porque somos flexibles y comprensivos, estamos ajustándonos y remediándonos. Pero cuando consideramos con sinceridad la energía que eso exige, la pérdida de nuestra personalidad en que hemos incurrido, y la poca recompensa que recibimos por nuestros esfuerzos, cambiamos la proporción de dolor, nos vemos frente a la realidad, y nos dedicamos a trabajar para solucionar el problema.

Si usted piensa que tal vez esté minimizando su incomodidad y viviendo con una proporción insalubre de dolor, haga una lista de todo lo que el problema le está costando. ¿Qué es lo que está invirtiendo desde el punto de vista emocional, relacional, financiero y en cuanto a energía personal para hacer que las cosas continúen siendo iguales? Además, pregúnteles a algunas personas seguras lo que observan acerca de usted con respecto a este asunto. La opinión de ellos, así como también el inventario que usted haga, pueden ser muy instructivos, de modo que es posible que se halle reajustando su proporción de dolor. Sí, tal vez sienta más dolor, pero eso no es del todo malo. El dolor de la realidad es una mejora sobre la anestesia de la minimización.

Una vez que haya dado el Paso 6, es tiempo de actuar. Aclare el caos en su cabeza, la confusión que le impide hacer lo correcto, y se asombrará de su progreso.

Y ahora, ¿qué hace usted?

Lleven a cabo su salvación con temor y temblor,
pues Dios es quien produce en ustedes tanto
el querer como el hacer para que se
cumpla su buena voluntad.
—Filipenses 2:12-13

Al llegar al final de este libro, quisiera pedirle que haga dos cosas sencillas. Primero, deje de leer por un momento, ponga el libro a un lado y, dondequiera que se halle en este momento, traiga a su mente la situación que lo llevó a tomar este ejemplar: su problema en las relaciones personales, la cuestión de dinero, el conflicto familiar, la dificultad en el trabajo, la molestia de salud. Tal vez quiera dirigir la mirada a un rincón del cuarto o mirar por la ventana. Tal vez desee cerrar los ojos. No obstante, piense en detalle en la realidad que está viviendo y quiere cambiar, la realidad presente, el problema que enfrenta. Usted está trayendo a la mente la *realidad presente*, lo que existe en este momento.

Habiendo hecho eso, ahora piense en lo que desea que suceda. Considere la forma en que anhela que la situación sea, no perfecta ni ideal, sino diferente, mejor, renovada, transformada: la relación personal más estrecha, el hijo feliz y con dominio propio, el trabajo hallado. Ahora está mirando a la realidad futura.

La única diferencia entre la realidad
presente y la realidad futura siempre
se reduce a Dios y usted.

La única diferencia entre la realidad presente y la realidad futura siempre se reduce a Dios y usted. Dios se encuentra aquí, está de su parte y quiere lo mejor para usted. Él está actuando y obrando mediante las circunstancias, los acontecimientos, las personas y su propio corazón, de maneras tanto visibles como invisibles, a fin de lograr su buena voluntad para su vida. Y usted está con él, un individuo que tiene sueños, pasiones, ideas, planes y alternativas, una persona que puede hacer mucho para ayudar a crear la realidad futura. Como indican los versículos de

Filipenses 2, nosotros en efecto hacemos nuestra parte para llevar a cabo nuestra salvación, en tanto que Dios hace su parte y obra según su buena voluntad. Cuando usted sigue a Dios e interactúa con él en la tarea y la misión de solucionar problemas significativos en la vida, algo increíble, sobrenatural y en verdad milagroso sucede. El poder de Dios para cambiar un presente oscuro en un futuro brillante activa, energiza y añade sustancia a sus esfuerzos. Y sus sendas siempre darán fruto, porque usted estará andando la senda de Dios junto con él.

Que Dios lo bendiga.

Dr. John Townsend
Newport Beach, California

NOTAS

Introducción: El problema de tener un problema
1. Juan 16:33.
2. Thomas D'Zurilla y Arthur Nezu, *Problem-Solving Therapy: A Positive Approach to Clinical Intervention*, Springer, Nueva York, 2007. Excelente enfoque para solucionar problemas de parte de dos respetados científicos investigativos.
3. 2 Corintios 5:19.

Paso 1: Sienta lo que siente
1. John Townsend, *Leadership Beyond Reason: How Great Leaders Succeed by Harnessing the Power of Their Values, Feelings and Intuition*, capítulo 3: «Emotions: The Unlikely Allies in Leadership» [«Emociones: Aliados improbables del liderazgo»], Thomas Nelson, Nashville, 2009.
2. Salmo 139:23.
3. Proverbios 20:5.

Paso 2: Conéctese con las personas apropiadas

1. Eclesiastés 4:9-10.
2. John Townsend, *Loving People: How to Love and Be Loved*, Thomas Nelson, Nashville, 2007.
3. Henry Cloud y John Townsend, *Raising Great Kids*, Zondervan, Grand Rapids, 1999.

Paso 3: Construya una cerca fuerte

1. I Corintios 14:33.
2. Gálatas 6:7.

Paso 4: Libérese del temor

1. I Pedro 5:7.

Paso 5: Controle lo que posee

1. Proverbios 4:23.
2. Mateo 6:27.

Paso 6: Prepare un plan a fin de aprobar o fallar

1. Dos de los mejores son *Getting Things Done: The Art of Stress-Free Productivity* de David Allen, Penguin Books, Nueva York, 2001, y *The One- Life Solution: Reclaiming Your Personal Life While Achieving Greater Professional Success* del Dr. Henry Cloud, Collins Business, Nueva York, 2008.
2. Marcos 4:26-29.

Paso 7: Haga lo correcto

1. Génesis 1:28.
2. Malcolm Gladwell, *Outliers: The Story of Success*, capítulo 2, «The 10,000 Hour Rule» [«La regla de las diez mil horas»], Little, Brown, Nueva York, 2008.
3. «FranklinCovey Survey Reveals Top 3 New Year's Resolutions for 2008» [«Investigación de Franklin Covey revela las tres primeras resoluciones de Año Nuevo para el 2008»] (http://www.reuters. com/article/pressRelease/idUSI32935+18-Dec-2007+BW20071218).
4. Efesios 2:8-9.
5. Salmo 5:4.

Nos agradaría recibir noticias suyas.
Por favor, envíe sus comentarios sobre este libro
a la dirección que aparece a continuación.
Muchas gracias.

Editorial Vida®
.com

Vida@zondervan.com
www.editorialvida.com

www.ingramcontent.com/pod-product-compliance
Lightning Source LLC
Chambersburg PA
CBHW011800040426
42448CB00017B/3315